Nuevo Avance1

Concha Moreno | Victoria Moreno | Piedad Zurita

Español Lengua Extranjera

SGEL

Primera edición: 2009
Octava edición: 2018

Produce: SGEL - Educación
Avd. Valdelaparra, 29
28108 ALCOBENDAS (MADRID)

© Concha Moreno
Victoria Moreno
Piedad Zurita

© Sociedad General Española de Librería, S. A, 2009
Avd. Valdelaparra, 29. 28108 ALCOBENDAS (MADRID)

ISBN: 978 - 84 - 9778 - 528 - 0 (versión internacional)
ISBN: 978 - 84 - 9778 - 529 - 7 (versión Brasil)
Depósito Legal: M - 47625 - 2011
Printed in Spain − Impreso en España

Cubierta: Track Comunicación (Bernard Parra)
Maquetación: Track Comunicación (Bernard Parra)
Ilustraciones: Gonzalo Izquierdo, Quino Marín
Fotografías: Getty Images, Shutterstock, Cordon Press, Concha Moreno, Victoria Moreno, Piedad Zurita.
Impresión: Marbán Libros, S.L.

Presentación

Nuevo Avance es fruto de una larga experiencia docente y cuenta con la garantía de los miles de estudiantes que a lo largo de todos estos años han trabajado y aprendido con él. Renovado de acuerdo con los tiempos, consta de cuatro de los niveles – A1, A2, B1 y B2 – recomendados por el Marco Común Europeo de Referencia; asimismo recoge las directrices del Plan Curricular del Instituto Cervantes y tiene siempre muy en cuenta la realidad de lo que ocurre en el aula. Todo ello se refleja en la forma en la que se han distribuido los contenidos y en las variadas prácticas que presentamos.

Su nuevo formato, de tamaño mayor, cuenta con más ilustraciones, que lo hacen más atractivo tanto para el profesorado como para el alumnado. Entre sus novedades está la grabación de los *pretextos*, de algunas actividades de los *contenidos gramaticales* y *léxicos* y de las *funciones comunicativas*, lo cual será una gran ayuda tanto en el aula como fuera de ella; de este modo, el estudiante dispondrá siempre de un excelente material para escuchar y repetir cuando trabaja en solitario.

Nuevo Avance 1 está dirigido a jóvenes y adultos que estudien español en países de habla hispana o en sus propios países. La cantidad y variedad de contenidos, así como su secuenciación, permiten una progresión adaptada a las necesidades personales y a las del contexto educativo. Al terminar este libro se habrán alcanzado los objetivos propuestos por el MCER y por el PCIC para el nivel A1.

ESTRUCTURA DEL LIBRO

Cada unidad consta de las siguientes secciones:

Pretexto

Se introducen de forma visual y reflexiva los contenidos y temas que se trabajarán posteriormente.
Las imágenes van reforzadas por las grabaciones correspondientes.

Contenidos

Presentamos en el mismo apartado los contenidos **gramaticales, funcionales y léxicos** por considerarlos inseparables al principio del aprendizaje. Hemos incluido seis por unidad, relacionándolos entre sí para dar coherencia al conjunto.
Su progresión está pensada para alcanzar las competencias que se proponen para este nivel.

Practicamos los contenidos

Avanzamos hacia la fluidez dentro de las posibilidades del nivel A1 partiendo de una práctica controlada para fijar estructuras, no solo gramaticalmente correctas, sino también pragmáticamente adecuadas.
A medida que se progresa en las unidades, la tipología de las prácticas se enriquece, pasando de los sencillos intercambios comunicativos a la variedad textual que servirá de modelo a la expresión oral y a la escrita.

De todo un poco

En esta sección se practican todas las destrezas, teniendo en cuenta el ámbito personal del alumnado.

Una vez más, perseguimos la coherencia de toda la unidad, relacionando los contenidos presentados con las prácticas, que han sido elaboradas en su variedad y objetivos para que los estudiantes, usuarios de la lengua como agentes sociales, activen sus recursos cognitivos y afectivos, sin olvidar que el uso de todas sus estrategias y competencias los conducirán a la acción.

Repasos

Cada tres unidades ofrece un **repaso** que consta de:

- Actividades dedicadas al repaso de las cuatro destrezas.
- Ejercicios recopilatorios de elección múltiple.
- Un actividad de ortografía y un trabalenguas para practicar la fonética jugando.

El manual se completa con varios **Apéndices**:

- Lecturas extra para quienes quieran avanzar aún más.
- Modelo de examen de nivel A1.
- Gramatical.
- Glosario.
- Transcripciones de las audiciones.

Agradecemos una vez más la buena acogida que desde 1995 (fecha de aparición del primer *Avance*) ha tenido nuestro trabajo y confiamos en que esta nueva edición que comparte las bases metodológicas de la anterior pero renovada en su estructura, contenidos, textos y actividades, sea merecedora de la confianza de profesores y estudiantes de español.

Ese ha sido nuestro propósito.

Las autoras

Índice

Tabla de contenidos

UNIDAD 2
¿Estudias o trabajas?

Contenidos temáticos
- *Lugares públicos.*
- *Más personajes famosos y sus profesiones.*

Contenidos léxicos
- *Los días de la semana.*
- *La hora.*
- *Lugares y espacios públicos.*
- *Verbos regulares más usuales.*

Contenidos funcionales y socioculturales
- *Preguntar y responder sobre la hora.*
- *Preguntar y responder sobre la fecha.*
- *Hacer preguntas personales.*
- *Preguntar y contestar sobre acciones habituales.*
- *Preguntar de quién es algo.*
....
- *Las presentaciones.*
- *Los formularios.*

Tipología textual
- *Texto dialógico: interacciones breves para hablar sobre uno mismo.*
- *Texto descriptivo: para presentarse.*

Contenidos gramaticales
- *Presente de los verbos regulares en -ar, -er, -ir.*
- *Los pronombres interrogativos.*
- *Las contracciones* al *y* del.
- *Preposiciones:* en, de, a.
- *Los números del 11 al 30.*

UNIDAD 3
Estoy en España

Contenidos temáticos
- *España: geografía física, administrativa y económica.*
- *Lugares: calles, monumentos y su localización.*
- *Lugares: oficinas, aulas y su localización.*

Contenidos léxicos
- *Los puntos cardinales.*
- *Algunos accidentes geográficos.*
- *Los elementos de la clase/el aula.*
- *El mobiliario de oficina.*

Contenidos funcionales y socioculturales
- *Preguntar por el estado de las personas.*
- *Localizar con* estar *y* hay.
- *Preguntar y dar direcciones.*
- *Preguntar y expresar cantidad.*
....
- *Información sobre las puertas de embarque.*

Tipología textual
- *Texto dialógico: interacciones breves para:*
  - *preguntar y dar direcciones*
  - *saludarse*
- *Texto descriptivo: descripción de lugares.*
- *Texto explicativo: España.*

Contenidos gramaticales
- *Artículos: indeterminados y determinados.*
- *Presente del verbo* estar.
- *La forma verbal* hay.
- *Los números del 30 al 50.*
- *Los cinco primeros números ordinales.*
- *Los adverbios demostrativos.*
- *Preposiciones y locuciones adverbiales que expresan localización.*

REPASO: Unidades 1, 2, 3

UNIDAD 4
La familia bien, gracias

Contenidos temáticos
- *El árbol genealógico y las relaciones familiares.*
- *Fotos personales.*
- *El amigo imaginario.*

Contenidos léxicos
- *Los miembros de la familia.*
- *El estado civil.*
- *Más profesiones.*
- **Saber** *y* **conocer**: *diferencias de uso.*
- **Ir** *y* **venir**: *diferencias de uso.*
- *Frases fijas con tener.*

Contenidos funcionales y socioculturales
- *Pedir y dar información en general.*
- *Preguntar y contestar sobre los horarios.*
- *Expresar la relación o la posesión.*
- *Expresar más acciones habituales.*
- *Describir fotografías personales.*
- *Los horarios españoles.*
- *La independencia de los hijos en España.*

Tipología textual
- *Texto dialógico: interacciones breves para:*
  - *pedir y dar información.*
  - *para preguntar y responder sobre horarios de acciones habituales.*
- *Texto descriptivo/narrativo: descripción de acciones habituales.*
- *Texto descriptivo: una fotografía.*

Contenidos gramaticales
- *Presente de los verbos irregulares* hacer, salir, poner, traer, dar, estar, conocer, ofrecer, conducir, traducir, saber, tener, venir, decir, oír, ser *e* ir.
- *Adverbios, expresiones y locuciones para expresar la frecuencia.*
- *Los posesivos.*
- *La causa:* Porque + *verbo.*
- *Algunas preposiciones que indican tiempo.*

UNIDAD 5
De fiesta en fiesta

Contenidos temáticos
- *Fiestas en España y en Hispanoamérica.*
- *La Naturaleza.*
- *La Navidad y otras fiestas religiosas.*

Contenidos léxicos
- *Los meses de año.*
- *Elementos paisajísticos.*
- *Verbos más usuales con cambio vocálico en presente.*

Contenidos funcionales y socioculturales
- *Pedir permiso: negarlo o concederlo.*
- *Pedir un favor: responder positiva o negativamente.*
- *Preguntar y contestar sobre el precio.*
- *Escribir postales.*
- *Información sobre espectáculos y actos culturales.*
- *El Guernica de Picasso.*
- *Lotería de Navidad y Lotería Primitiva.*

Tipología textual
- *Escribir postales.*
- *Texto explicativo: las fiestas.*
- *Texto dialógico: interacciones breves para pedir y dar información.*
- *Texto descriptivo: fotografías.*

Contenidos gramaticales
- *Presente de los verbos irregulares:* recordar, volver, dormir, encontrar, costar, soñar, contar, soler, poder, morir, jugar.
- *Presente de los verbos irregulares:* empezar, querer, preferir, cerrar, pensar, entender, encender, pedir, conseguir, elegir, construir, sustituir.
- *Adverbios y cuantificadores de cantidad:* muy / mucho; mucho/a/os/as.
- *Finalidad:* ¿Para qué? Para + *infinitivo*

UNIDAD 6
Un día normal en la vida de...

Contenidos temáticos
- *El aseo personal.*
- *La vida de una profesora de ELE.*
- *La forma de vestirse.*
- *El consumismo y el comercio justo.*

Contenidos léxicos
- *Los verbos reflexivos más usuales.*
- *Objetos necesarios para la higiene diaria.*
- *La ropa.*
- *Los porcentajes.*

Contenidos funcionales y socioculturales
- *Expresar coincidencia y divergencia.*
- *Leer estadísticas.*
- *Comprar ropa en una tienda.*
- *Hablar de cantidades y medidas.*
- *Hablar de un día normal en la vida de alguien.*
....
- *Las vacaciones de los españoles.*
- *La moda española.*

Tipología textual
- *Texto dialógico: interacciones breves para: expresar convergencia y divergencia. Entrevista.*
- *Texto descriptivo/narrativo: Un día en la vida de una profesora de ELE.*
- *Texto explicativo: las normas de higiene.*
- *Texto descriptivo: describir fotografías.*

Contenidos gramaticales
- *Presente de los verbos reflexivos regulares e irregulares.*
- *Los números del 50 al 1001.*
- *Los adjetivos demostrativos:* este / ese / aquel.
- *Preposiciones + pronombres:* conmigo, contigo.

REPASO: Unidades 4, 5, 6

UNIDAD 7
Para gustos están los colores

Contenidos temáticos
- *Profesionales famosos del mundo hispano y sus gustos.*
- *Los gustos y aficiones: conocerse por Internet.*
- *El tiempo atmosférico y las estaciones.*
- *Los deportes.*

- *Describir un deporte para adivinar cuál es.*
....
- *El clima en España en las cuatro estaciones.*
- *Los gustos de gente famosa del mundo hispano.*
- *Los gustos y las preferencias de la clase.*

Contenidos léxicos
- *Las estaciones.*
- *El tiempo atmosférico.*
- *Los deportes.*
- Gustar, encantar, molestar, apetecer.
- También *y* tampoco.

Contenidos funcionales y socioculturales
- *Expresar gustos y aficiones y manifestar convergencia y divergencia.*
- *Dar información sobre uno/a mismo/a para conocer gente.*
- *Hablar sobre el clima.*

Tipología textual
- *Texto explicativo: los gustos.*
- *Texto dialógico: interacciones breves para expresar convergencia y divergencia.*
- *Texto descriptivo: conocerse por Internet.*

Contenidos gramaticales
- *Verbos de objeto indirecto:* gustar, encantar, molestar, interesar, apetecer, pasar, doler.
- *Adverbios de tiempo, de cantidad y de modo.*
- *Doble negación:* no + *verbo* + nada; no + *verbo* + nunca.

UNIDAD 8
¡Qué bueno!

Contenidos temáticos
- La dieta mediterránea.
- La comida y las fiestas.
- Los mercados.
- Tipos de vivienda.

Contenidos léxicos
- Los alimentos.
- Las fiestas y sus platos típicos.
- Los tipos de viviendas y partes de la casa.
- Mejor, peor / mayor; menor.

Contenidos funcionales y socioculturales
- Expresar gustos y preferencias.
- Expresar obligación.
- Expresar acciones futuras.
- Recursos para comprar en el mercado.
- Establecer comparaciones.
- Expresar énfasis.
- Rellenar formulario para un club de natación.
....
- La situación de la mujer española.
- Consejos de comportamiento en las playas españolas.
- El vino y el aceite españoles.

Tipología textual
- Texto explicativo: consejos sobre el consumo de alimentos.
- Texto dialógico: intercambio entre vendedora y cliente en el mercado.
- Texto descriptivo: una fiesta y el menú para la fiesta.
- Textos explicativos/descriptivos:
  • viaje a Perú.
  • la vivienda ideal.
  • dos productos españoles: el aceite de oliva y el vino.

Contenidos gramaticales
- Verbos + infinitivo: poder, querer, gustar, molestar, apetecer, encantar, preferir.
- Las perífrasis de obligación: tener que / hay que + infinitivo.
- La perífrasis ir a + infinitivo para acción futura.
- La comparación.
- Los exclamativos: qué, cuánto/a/os/as.

UNIDAD 9
¿Qué te ha dicho el médico?

Contenidos temáticos
- La sanidad española: avances, logros y proyectos.
- Médicos sin fronteras.
- Productos del mundo hispano conocidos internacionalmente: revista Muy interesante; perfumes; recetas de cocina; canciones; la película Amores perros.

Contenidos léxicos
- El cuerpo humano.
- Términos relacionados con la sanidad.
- Las catástrofes naturales.
- Actividades cotidianas y extraordinarias.

Contenidos funcionales y socioculturales
- Preguntar si se ha hecho algo alguna vez y si se va a hacer en el futuro.
- Proponer un plan: aceptarlo o rechazarlo.
- Hablar sobre lo mejor y lo peor del curso.
....
- El uso del pretérito perfecto en el mundo hispano.

- La Organización Médicos sin fronteras.
- La percepción personal del curso de español.

Tipología textual
- Textos explicativos:
  • Ministerio español de Sanidad.
  • El trabajo de Médicos sin fronteras a lo largo del año.
- Texto dialógico: proponer, aceptar y rechazar un plan.
- Texto narrativo: un día de mala suerte.
- Correo electrónico: resumen del curso.

Contenidos gramaticales
- El pretérito perfecto.
- Participios regulares y algunos irregulares.
- Los adjetivos y pronombres indefinidos.
- La doble negación (ampliación).
- Los pronombres de objeto directo (lo/la/los/las).
- Las preposiciones: a, de, en por, para, con y sin.

REPASO: Unidades 7, 8, 9

Unidad Preliminar

1. Pretexto

¿Cómo se dicen estas cosas en tu idioma?

0

1 Alfabeto.)¹

A	(a)	amigo, ayer
B	(be)	botella, Bolivia
C	(ce) ↗ a, o, u	camarero, Colombia, coche, cuatro
	↘ e, i	cerveza, ciudad, cinco
CH	(che)	chocolate, Chile
D	(de)	dos, domingo
E	(e)	España, Ecuador
F	(efe)	fábrica, fiesta
G	(ge) ↗ a, o, u	goma, Guatemala
	→ e, i	gente, girasol
	↘ ue, ui	guitarra, Miguel
H	(hache)	Honduras, hoy
I	(i)	Isabel, inteligente
J	(jota)	jefe, jueves
K	(ca)	kilo
L	(ele)	literatura, lunes
LL	(elle)	llave, lluvia
M	(eme)	martes, mujer
N	(ene)	Nicaragua, noche
Ñ	(eñe)	mañana, niño
O	(o)	oso, ocho
P	(pe)	Perú, problema
Q	(cu)	queso, quince
R	(ere)	pero, tres, cuatro
	(erre)	perro, Enrique, respuesta
S	(ese)	sábado, Sevilla
T	(te)	té, tequila
U	(u)	Uruguay, uno
V	(uve)	Venezuela, vaso
W	(uve doble)	Washington
X	(equis)	examen, excursión
Y	(y griega)	yo, ayer, rey
Z	(zeta)	zapato, zumo

Escucha y repite.)²

ATENCIÓN Ortografía

CA, QUE, QUI, CO, CU.
Casa, queso, quince, cocina, cuchara.

ZA, CE, CI, ZO, ZU.
Zaragoza, cerveza, cinco, zorro, zumo.

JA, JE/GE, JI/GI, JO, JU.
Jardín, jefe/gente, jirafa/girasol, joven, juntos.

GA, GUE, GUI, GO, GU.
Garaje, guerra, guitarra, gordo, Guatemala.

GÜE, GÜI .
Vergüenza, pingüino.

2 Números.

0	cero
1	uno
2	dos
3	tres
4	cuatro
5	cinco
6	seis
7	siete
8	ocho
9	nueve
10	diez

Actividad 1 _sub_
Señala en el mapa los países de América que salen en el alfabeto.

La b y la v se pronuncian igual: *botella, vino.*
La h no se pronuncia: *hotel, hospital, alcohol.*

Vocales: *a, e, i, o, u.*
Consonantes: *b, s, n, t, h, c, etc.*

ESTAS LETRAS SON MAYÚSCULAS.
estas letras son minúsculas.

■ **Actividad 2**
¿Recuerdas el nombre?

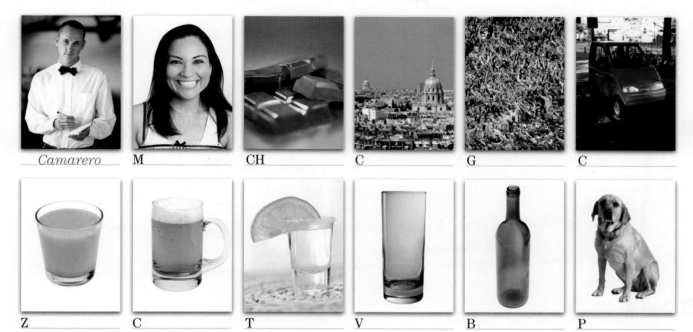

Camarero M CH C G C

Z C T V B P

3 **Instrucciones**

En parejas Escucha Completa *com*

En grupos Contesta

Lee Habla Pregunta

Subraya *sub* Escribe Ordena

■ **Actividad 3**
Escucha y lee las instrucciones.

Actividad 4
Escucha y completa.

ca___e	Espa___a	___itarra	___uatro	e___amen
___otella	Vene___uela	___efe	___no	___ocolate
pe___o	___a___er	___os	e___cursión	___irasol
En___ique	___apato	inteli___ente	Avan___e	___inco

Actividad 5
Lee y deletrea estos nombres españoles.

María   Carmen   Pilar   Isabel   Ana   Dolores (Lola)

Francisca (Paqui)   María José (Pepa)   Lucía   Victoria

Juan   Javier   José (Pepe)   Antonio   Alejandro   Francisco (Fran, Paco)

Manuel (Manolo)   Miguel   Ángel   Carlos

4 Comunicación.

¿Cómo se escribe...?

¿Qué significa...? = ¿Qué quiere decir...?

¿Cómo? No entiendo.

¿Cómo se pronuncia...?

¿Puede escribir en la pizarra?

¿Puede deletrear?

¿Puede repetir?

Actividad 6
Escucha y repite.

5 Saludos.

Saludar

Hola
Buenos días
Buenas tardes
Buenas noches
Bienvenido/a

● ¿Cómo estás?
▼ Bien / Muy bien

● ¿Qué tal?
▼ Mal / Regular

Hola: formal e informal
Buenos días: formal
Buenas tardes: formal
Buenas noches: formal
Mal / Regular: solo con amigos

Despedirse

Hasta luego
Hasta mañana
Adiós
Chao

Cortesía

Por favor
Muchas gracias
De nada
Perdón / Lo siento

Actividad 7
Lee, escucha, pregunta y contesta a tu compañero/a.

Ser o no ser

1. Pretexto

1 Escucha y lee.

Es Yelena Isinbayeva.
Es rusa.
Es atleta.

Es Alexandra Ambrossio.
Es brasileña.
Es modelo.

Es Kiran Desai.
Es india.
Es escritora.

Es Stephanie Rice.
Es australiana.
Es nadadora.

Es Wangari Maathai.
Es keniata.
Es ecologista.

Es Fatema Mernissi.
Es marroquí.
Es escritora y profesora.

Son Serena y Venus Williams.
Son estadounidenses.
Son tenistas.

Es Ángeles Mastretta.
Es mexicana.
Es escritora.

Es Patricia Durán.
Es chilena.
Es cantante.

2 Ahora tú.
Escribe debajo de estas fotos, como en el PRETEXTO.

_____ _____ _____ _____
_____ _____ _____ _____
_____ _____ _____ _____

2. Contenidos

1 **Los pronombres personales sujeto. Presente del verbo *ser*.**

	SER
Yo	soy
Tú	eres
Usted	es
Él / Ella	es
Nosotros/as	somos
Vosotros/as	sois
Ustedes	son
Ellos / Ellas	son

tú / vosotros/as (informal)
usted / ustedes (formal)

● *¿Quién **eres**?*
◆ ***Soy** María.*

OBSERVA:
él / ella	**_es_**	*ellos / ellas*	**_son_**
usted	**_es_**	*ustedes*	**_son_**

Subraya lo que oyes y relaciona. *sub*

Soy → Olga López
Eres — estudiante
Es — marroquí
Somos — profesores
Sois — inteligente
Son — médicas
— jóvenes
— brasileña
— de Uruguay

2 **Masculino y femenino. Singular y plural.**

Masculino	Femenino
-o italian**o**	**-a** italian**a**
-consonante españo**l**	**+a** español**a**
-e canadiens**e**	
-a turist**a**	
-í iran**í**	

Singular	Plural
-vocal inteligent**e**	**+s** inteligente**s**
-consonante relo**j**	**+es** reloj**es**
-í iran**í**	**+es** iraní**es**
-z lápi**z**	**-ces** lápi**ces**
-s lune**s**	

La *carpeta* **roja**. > **Las** *carpetas* **rojas**.
El *cuaderno* **pequeño**. > **Los** *cuadernos* **pequeños**.

Escucha y completa. *com*

polaco / _polaca_
alemán / _____
francés / _____
sueco / _____
marroquí / _____
belga / _____

3 **El artículo determinado. Recuerda el vocabulario de la Unidad Preliminar.**

EL
amigo, chocolate, té, examen, kilo, problema, queso, perro, zumo.

LOS
jefes, jueves, lunes, martes, tés, osos, problemas, sábados, viernes, zapatos.

LA
fiesta, gente, guitarra, llave, mañana, respuesta, fábrica.

LAS
fiestas, gomas, noches, excursiones, llaves.

4 **Profesiones:** *¿Qué eres? Soy economista.*

abogado/a	deportista	profesor/a
astronauta	economista	pintor/a
camarero/a	escritor/a	policía
cantante	jardinero/a	piloto
	médico/a	periodista
	mecánico/a	futbolista

5 Elementos para la descripción.

Para las personas		Para las personas y cosas		Para las cosas	
alto/a	bajo/a	moderno/a	antiguo/a	grande	pequeño/a
moreno/a	rubio/a	bueno/a	malo/a	caro/a	barato/a
guapo/a	←——→	feo/a	←——→	bonito/a	
joven	←——→	viejo/a*	←——→	nuevo/a	
gordo/a	delgado/a	agradable		redondo/a	cuadrado/a
trabajador/a	vago/a				
rico/a	pobre				
simpático/a	antipático/a				

* Para referirse a personas se usa más la palabra *mayor* en masculino y femenino.

● *¿Cómo es Pau Gasol?*   — *La clase es* **grande**.
◆ *Es* **alto**.   — *La profesora es* **simpática**.
                       — *Luis es* **alto**.

6 Colores. *¿De qué color es? Es...*

Rojo/a   Rosa   Negro/a   Verde

Blanco/a   Violeta   Marrón   Amarillo/a

Gris   Azul   Beige   Naranja

Escucha y ordena los colores. 🔊 10 📊

1	_blanco/a_	7	
2		8	
3		9	
4		10	
5		11	
6		12	

7 Recursos para presentarse, saludar y preguntar el origen y la profesión. Lee, escucha, pregunta y contesta.

- ● *¿Cómo te llamas?*
- ▼ *Me llamo Hugo.*
- ● *Encantada. ¿De dónde eres?*
- ▼ *Soy de Argentina.*
- ● *¿A qué te dedicas?*
- ▼ *Soy fotógrafo.*

3. Practicamos los contenidos

1 Relaciona.

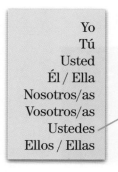

Yo	somos brasileños.
Tú	es arquitecta.
Usted	son ecologistas.
Él / Ella	eres simpática.
Nosotros/as	no son españoles.
Vosotros/as	es actriz.
Ustedes	no son jardineros.
Ellos / Ellas	soy Pilar.
	somos chinas.
	sois morenos.

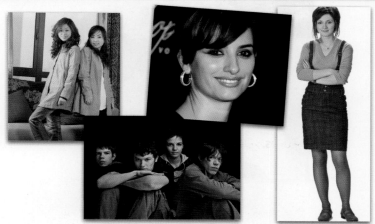

2 Completa con la forma correcta del verbo *ser.* Identificación: *¿Quién es…?* Nacionalidad: *¿De dónde es…?* Descripción: *¿Cómo es…?*

1 ● ¿De dónde ____*es*____ usted?
  ▼ _____ de Ecuador.
2 ● ¿Qué sois?
  ▼ (Nosotros) _____ arquitectos.
3 ● ¿Quién es?
  ▼ (Ella) _____ Pilar.
4 ● ¿Cómo es el profesor?
  ▼ _____ muy agradable.
5 ● ¿Eres de Lima?
  ▼ Yo no _____ de Lima, _____ de Buenos Aires.
6 ● ¿De qué color es el bolso?
  ▼ _____ beige.
7 ● ¿Quién _____ profesora?
  ▼ Marta Morales.
8 ● ¿De dónde _____ vosotros?
  ▼ _____ belgas.
9 ● ¿Tú _____ de Chile?
  ▼ No, _____ de Ecuador.
10 ● Ellos no _____ españoles.
  ▼ No, son argentinos.

3 Completa con el artículo determinado y escribe las oraciones en plural.

1 __*El*__ amigo de Antonio es mexicano.
   Los amigos de Antonio son mexicanos.
2 _____ jefe de Juan es simpático.
   _____
3 _____ silla de la clase es verde.
   _____
4 _____ catedral es antigua.
   _____
5 _____ lápiz es rojo.
   _____
6 _____ llave de Juan es de metal.
   _____
7 _____ hospital es moderno.
   _____
8 _____ puerta del aeropuerto es blanca.
   _____
9 _____ fotografía de Carmen es en blanco y negro.
   _____
10 _____ cuaderno es nuevo.
   _____

4 Practicamos los números: Mira las fotografías, relaciónalas y habla.

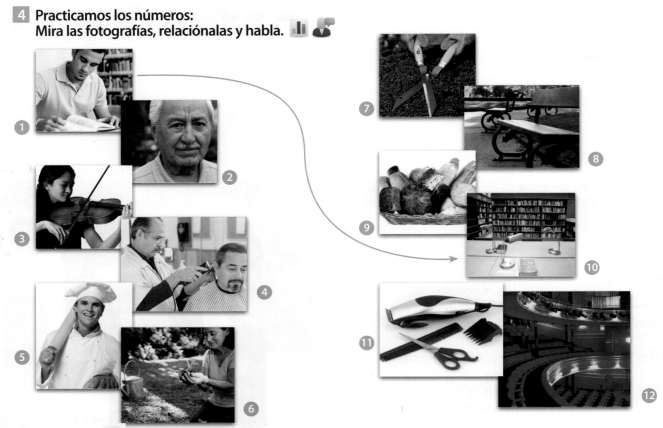

5 Relaciona.

1 Dimitri es	rubios
2 Los zapatos son	baratas
3 La catedral es	alta
4 Elena es	antigua
5 El mar es	caro
6 Tamara Rojo es ————————→	española
7 El caviar es	bonito
8 Elena y Blas son	moreno
9 Las naranjas en España son	nuevos
10 La escuela es	moderna

6 Completa con:

> qué (profesión) • de dónde (nacionalidad)
> quién (identificación) • cómo (descripción)
> de quién (posesión) • de qué (color)

1 ● ¿ *Cómo* es Juan Luis?
  ▼ Alto, delgado, rubio y joven. Perfecto ¿no?
2 ● ¿_____ es Susana?
  ▼ Es azafata de Iberia.
3 ● ¿_____ es Antonio Banderas?
  ▼ De Málaga.
4 ● ¿_____ color es el coche de Aurora?
  ▼ Negro. ¡Ay, no!, gris.
5 ● ¿_____ es la profesora?
  ▼ Es Carmen Fernández.
6 ● ¿_____ es el bolígrafo rojo?
  ▼ Es de Fernanda.
7 ● ¿_____ son las llaves?
  ▼ De Manolo.
8 ● ¿_____ es tu pueblo?
  ▼ Pequeño pero bonito.
9 ● ¿_____ es José?
  ▼ Mecánico.
10 ● ¿_____ son Alberto y Ana?
  ▼ Inteligentes y simpáticos.

7 Completa con los recursos para presentar(se).

● Buenos días, ¿cómo _____ *te llamas* _____?
▼ Hola, _____ Sonia.
● ¿De _____?
▼ _____ de Nicaragua.
● ¿_____?
▼ _____ periodista.

Pregunta a tu compañero/a con el modelo.

4. De todo un poco

1 Subraya las palabras que oyes en los diálogos.

A.

Buenas tardes	Hola
Regular	Muy bien
Buenos días	¿Qué tal?
¿Cómo estás?	Bien, ¿y tú?

B.

¿Cómo estás?	De nada
¿Qué tal?	No hay de qué
Regular	Gracias

2 Lee los nombres de los países.

Argentina — Bolivia — Chile — Colombia

Cuba — Ecuador — El Salvador — España

Honduras — México — Nicaragua — Panamá

Perú — Puerto Rico — Paraguay — Uruguay

Costa Rica — Guatemala — República Dominicana — Venezuela

Pregunta a tu compañero/a.

- *¿De qué color es la bandera de España?*
- *La bandera española es roja y amarilla. // Es roja y amarilla. // Roja y amarilla.*

Di los colores de una bandera y pregunta.

- *¿De qué país es la bandera roja y amarilla?*
- *Es de España. // Es la bandera española.*

3 ¿Cómo es? Describe a una de las mujeres del PRETEXTO. Tus compañeros/as deben decir cuál es.

Es escritora, es morena, es delgada, es mayor y es de África.

→ ***Es Fatema Mernissi.***

4 En parejas. Contesta a las preguntas.

- *¿Eres español?*
- *No, soy alemán, de Berlín.*

1 ¿Eres español?
2 ¿De dónde eres?
3 ¿Quién es ella?
4 ¿Cómo es Eduardo?
5 ¿De qué color es el bolso?
6 ¿Qué sois vosotras?
7 ¿De quién es el diccionario?
8 ¿Qué es Lola?
9 ¿Cómo se llama el profesor / la profesora?
10 ¿De dónde es Tamara Rojo?

5 En parejas.
Relaciona y escribe debajo de las fotografías como en el PRETEXTO.

Oscar Niemayer	Escritor y guionista de cine	Español
Fernando Botero	Arquitecto	Colombiano
Leo Messi	Actor	Argentino
Santiago Cabrera	Futbolista	Brasileño
Ray Loriga	Escultor	Venezolano

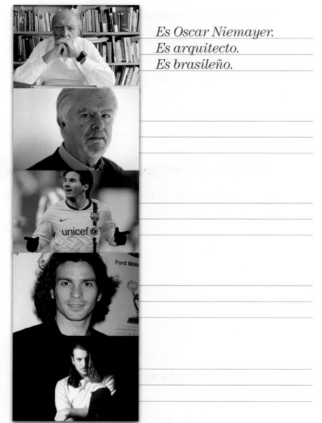

Es Oscar Niemayer.
Es arquitecto.
Es brasileño.

6 Primero, escucha y luego subraya los colores y los números que oyes.

4   6   3   2   8
5   9   10   1   7

Ahora, escribe más números y más colores.

7 Escucha y di si son diálogos formales o informales.

A.
- Buenos días. Soy Agustín Carrero.
▼ Bienvenido, señor Carrero. Soy Carmen de la Fuente. ¿Cómo está usted?
- Encantado, señora La Fuente.

B.
- Hola, Manolo, ¿qué tal?
▼ Bien. Mira, esta es Cecilia.
- Hola Cecilia. ¿Cómo estás?
◆ Muy bien.
- Tú no eres española ¿no? ¿De dónde eres?
◆ Soy argentina, de Buenos Aires.

8 Lee. Di si es verdadero o falso.

España, el español y los españoles.   V   F

1 La capital de España es Quito.   X
2 En español la 'h' no se pronuncia.
3 España es un país americano.
4 El español es una lengua latina.
5 La bandera española es roja, azul y roja.
6 Leo Messi es de Barcelona.
7 María es un nombre habitual en España.
8 Godofredo es uno de los diez nombres más usados en España.
9 Santiago Cabrera es futbolista.
10 Oscar Niemayer es ecuatoriano.

9 Escribe un diálogo formal y otro informal. ¿Cuál corresponde con esta imagen?

- Hola, _____
▼ _____

¿Estudias o trabajas?

1. Pretexto

1._____   a._____

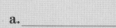

2._____   b._____

3._____   c._____

4._____   d._____

5.____*Paco*____   e._____

6._____   f.____*Panadería*____

1 Ordena y relaciona.

2 Escucha y escribe el nombre de las personas y del lugar de estudio o de trabajo.

2

2. Contenidos

1 **Más números: del 11 al 30.**

11	once	21	veintiuno
12	doce	22	veintidós
13	trece	23	veintitrés
14	catorce	24	veinticuatro
15	quince	25	veinticinco
16	dieciséis	26	veintiséis
17	diecisiete	27	veintisiete
18	dieciocho	28	veintiocho
19	diecinueve	29	veintinueve
20	veinte	30	treinta

2 **Presente del verbo *ser* (continuación).**

a Los días de la semana.

Lunes	Martes	Miércoles	Jueves	Viernes	Sábado	Domingo

- ● *¿Qué día es hoy?*
- ▼ *Hoy es **jueves** 5.*

b La hora.

*Son las dos **menos** veinte.*
*Son las dos **menos** cuarto.*
*Son las dos **menos** diez.*
*Son las dos **en punto**.*

en punto
cuarto — menos — y — cuarto
media

*Es la una **en punto**.*
*Es la una **y diez**.*
*Es la una **y cuarto**.*
*Es la una **y veinte**.*
*Es la una **y media**.*

 Las nueve en punto.
 La una y cuarto.
 Las cuatro y media.

 Las ocho menos cuarto.
Las nueve menos veinticinco.
 Las diez y veinte.

3 **Presente de los verbos regulares.**

	TRABAJ-AR	COM-ER	VIV-IR
Yo	trabaj-**o**	com-**o**	viv-**o**
Tú	trabaj-**as**	com-**es**	viv-**es**
Usted	trabaj-**a**	com-**e**	viv-**e**
Él / Ella			
Nosotros/as	trabaj-**amos**	com-**emos**	viv-**imos**
Vosotros/as	trabaj-**áis**	com-**éis**	viv-**ís**
Ustedes	trabaj-**an**	com-**en**	viv-**en**
Ellos / Ellas			

Verbos regulares en -ar:

hablar, estudiar, comprar, necesitar, escuchar, desayunar, tomar, preguntar, contestar, tocar, deletrear, acabar = terminar, cenar, pronunciar, borrar, apagar, cantar, bailar, nadar, bajar, viajar, entrar.

Verbos regulares en -er:

beber, vender, comprender, leer, creer, coger.

ver = * veo/ves/ve/vemos/veis/ven

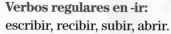

Verbos regulares en -ir:
escribir, recibir, subir, abrir.

4 Interrogativos.  16

a. Para identificar: ¿QUIÉN?
● *¿**Quién** es la directora de la escuela?*
▼ *Es Marta García.*

Para expresar la posesión: ¿DE QUIÉN?
● *¿**De quién** son las llaves?*
▼ *Son del portero.*

b. Para hacer preguntas generales: ¿QUÉ?
● *¿**Qué** desayunas normalmente?*
▼ *Desayuno café con leche y un bocadillo.*

Para preguntar sobre el color: ¿DE QUÉ?
● *¿**De qué** color son las gafas de Pilar?*
▼ *Son azules.*

Para preguntar sobre la hora de las acciones: ¿A QUÉ HORA?
● *¿**A qué** hora cenan?*
▼ *Cenamos a las 21:00 (las nueve).*

Para preguntar sobre la profesión: ¿QUÉ?
● *¿**Qué** eres?*
▼ *Soy dentista.*

d. Para preguntar sobre el lugar: ¿DÓNDE?
● *¿**Dónde** cenas?*
▼ *Normalmente ceno en casa.*

Para preguntar sobre la nacionalidad y el origen: ¿DE DÓNDE?
● *¿**De dónde** eres?*
▼ *Soy de Cuenca.*

c. Para describir: ¿CÓMO?
● *¿**Cómo** es Carlos?*
▼ *Es joven, moreno y simpático.*

e. Para preguntar sobre el tiempo: ¿CUÁNDO?
● *¿**Cuándo** terminan las clases?*
▼ *Terminan a las 14:00 (dos).*

f. Para seleccionar: ¿CUÁL?
● *¿**Cuál** es tu día favorito?*
▼ *El viernes.*

● *¿**Cuál** es la capital de Hungría?*
▼ *Budapest.*

Para preguntar sobre el modo:
● *¿**Cómo** viajas?*
▼ *Viajo en tren.*

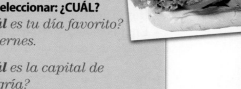

5 Lugares.
Escucha la grabación y completa con el artículo.

_la_ casa

_____ colegio

_____ biblioteca

_____ oficina

_____ instituto

_____ taller

_____ farmacia

_____ bar

_____ discoteca

_____ banco

_____ restaurante

_____ mercado

_____ supermercado

_____ ciudad

_____ parque

_____ piscina

_____ calle

_____ pueblo

6 Preposiciones: EN, DE, A.

● ¿*Dónde trabajas?*
▼ *(Trabajo)* **En** *la cafetería Horizonte.*

● *Y tú, ¿dónde vives?*
▼ *(Vivo)* **En** *el centro.*

● ¿**De** *quién es el diccionario?*
▼ *Creo que (el diccionario) es* **de** *Verónica.*

● ¿**De** *qué color es el bolso de la profesora?*
▼ *Negro. No, no, es gris.*

● ¿**De** *dónde eres?*
▼ *Soy* **de** *Tijuana.*

● ¿**A** *qué hora acaba la clase?*
▼ *Acaba* **a** *las 13:00 (a la una).*

> **ATENCIÓN**
>
> **A + EL = AL**
> *Saludo* **al** *portero.*
>
> **DE + EL = DEL**
> *El coche* **del** *jefe es nuevo.*

3. Practicamos los contenidos

1 Escribe el número y lee en voz alta.

1 María y Juan viven en la Plaza de la Marina, número 18 ___*dieciocho*___.
2 La clase acaba a las 14:00 _____.
3 Hoy es martes, 29 _____.
4 En mi trabajo escribo unos 15 _____ correos electrónicos al día.
5 Nosotros tomamos el (autobús número) 17 _____.
6 20 _____ + (más) 4 _____ son 24 _____.
7 18 _____ – (menos) 3 _____ son 15 _____.
8 14 _____ + (más) 7 _____ son 21 _____.
9 29 _____ – (menos) 16 _____ son 13 _____.
10 Pilar trabaja 8 _____ horas diarias.

2 ¿Qué hora es?

Es la una; son las dos / las tres / las cuatro... de la mañana / de la tarde / de la noche.

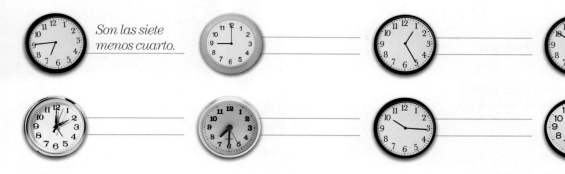

Son las siete menos cuarto.

3 Pon el infinitivo y el pronombre.

1 Bajáis: _____ *bajar, vosotros* _____
2 Venden: _____
3 Terminan: _____
4 Cojo: _____
5 Recibís: _____
6 Comprendes: _____
7 Tomas: _____
8 Creemos: _____

9 Subís: _____
10 Deletreo: _____
11 Abres: _____
12 Veo: _____
13 Hablas: _____
14 Pronuncia: _____
15 Escribimos: _____

Ahora pregunta a tu compañero/a el presente de...

● *(Tú:) beber.*
▼ *(Tu compañero/a): bebes.*

4 Relaciona.

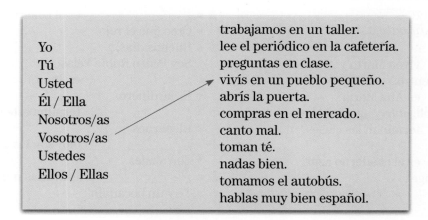

Yo
Tú
Usted
Él / Ella
Nosotros/as
Vosotros/as
Ustedes
Ellos / Ellas

trabajamos en un taller.
lee el periódico en la cafetería.
preguntas en clase.
vivís en un pueblo pequeño.
abrís la puerta.
compras en el mercado.
canto mal.
toman té.
nadas bien.
tomamos el autobús.
hablas muy bien español.

5 **Completa con la forma correcta del presente.** *com*

1 ● ¿Qué periódico (comprar, nosotros) *compramos* hoy?
  ▼ *El Sur*.

2 ● ¿Cuándo (escuchar, tú) _____ la radio?
  ▼ No escucho la radio, (ver, yo) _____ la televisión.

3 ● ¿Qué deportes (practicar, usted) _____?
  ▼ Tenis y natación.

4 ● ¿Qué (estudiar, él) _____?
  ▼ Historia.

5 ● ¿Qué autobús (tomar, ustedes) _____ normalmente?
  ▼ El doce.

6 ● ¿Qué (vender, ellos) _____ en la farmacia?
  ▼ Medicamentos y otras cosas.

7 ● ¿Dónde (vivir, vosotros) _____?
  ▼ En un pueblo muy pequeño.

8 ● ¿Qué hora (ser) _____?
  ▼ (Ser) _____ las 10:20.

9 ● ¿(Creer, tú) _____ que San Sebastián es una ciudad agradable?
  ▼ (Creer, yo) _____ que sí.

10 ● ¿Qué día (ser) _____ hoy?
  ▼ Hoy (ser) _____ jueves.

6 **Completa.** *com*

1 ● ¿Cómo te llamas?   ▼ Me llamo _____
2 ● ¿De dónde eres?   ▼ Soy de _____
3 ● ¿Qué eres?   ▼ Soy _____
4 ● ¿Dónde vives?   ▼ Vivo en _____
5 ● ¿Dónde estudias?   ▼ Estudio en _____
6 ● ¿Qué desayunas?   ▼ Desayuno _____
7 ● ¿A qué hora comes?   ▼ Como a las _____
8 ● ¿Dónde cenas?   ▼ Ceno en _____
9 ● ¿Cuál es tu día favorito?   ▼ Mi día favorito es _____
10 ● ¿Quién es tu profesor/a? ▼ Mi profesor/a es _____

7 **Completa con:** *com*

> quién (identificación) • de quién (posesión) • qué (profesión) • de qué (color) • a qué hora (tiempo)
> cómo (descripción) • dónde (lugar) • cuándo (tiempo) • cuál (selección) • qué (alimento)

● *¿**Cómo** es tu profesora?*
▼ *Inteligente y muy simpática.*

1 ● ¿_____ viven Marta y Alfredo?
  ▼ En Sevilla, en el centro.

2 ● ¿_____ es Ana María?
  ▼ Baja, morena, inteligente y agradable.

3 ● ¿_____ terminan las clases?
  ▼ A las 14:00 (dos).

4 ● ¿_____ es el cuaderno azul?
  ▼ Creo que es de Ángel.

5 ● ¿_____ es el color favorito de Yolanda?
  ▼ Creo que el rojo.

6 ● Buenos días, ¿_____ es usted?
  ▼ Soy Pedro Rubio Velasco.

7 ● ¿_____ es Juan?
  ▼ Es jardinero.

8 ● ¿_____ termina este curso?
  ▼ El viernes.

9 ● ¿_____ color son los autobuses en Málaga?
  ▼ Son azules.

10 ● ¿_____ desayunas normalmente?
  ▼ Té y un bocadillo.

4. De todo un poco

1 Pregunta a tu compañero/a con los verbos y con los interrogativos.
Contesta a tu compañero/a.

comprar	necesitar	desayunar	tomar	deletrear	acabar/terminar
cenar	cantar	bailar	nadar	vender	comprender
leer	creer	vivir	escribir	ser	ver

¿QUIÉN?	¿DE QUIÉN?	¿QUÉ?	¿DE QUÉ?	¿A QUÉ HORA?
¿CÓMO?	¿DÓNDE?	¿DE DÓNDE?	¿CUÁNDO?	¿CUÁL?

Comer:
- *¿Qué comes?*
- *¿Dónde comes?*
- *¿A qué hora comes?*

2 Describe a tu amigo/a.

Mi amiga se llama Antonella, es de Italia, de Rimini. Es joven, morena, baja. Es inteligente y amable. Estudia Matemáticas. Habla tres idiomas. No trabaja.

Mi amigo/a se llama _____

Es de _____

Es (+ descripción) _____

_____

_____

_____

3 Con ayuda del diccionario, escribe sobre una profesión. Tus compañeros/as deben adivinarla.

- *Siempre estoy en el coche. Siempre con gente nueva. La gente paga por viajar en mi coche. ¿Qué soy?*
- ▼ *Taxista.*

4 **Escucha y subraya los números y los lugares que oyes.**

11 Once	15 Quince	19 Diecinueve	23 Veintitrés	27 Veintisiete
12 Doce	16 Dieciséis	20 Veinte	24 Veinticuatro	28 Veintiocho
13 Trece	17 Diecisiete	21 Veintiuno	25 Veinticinco	29 Veintinueve
14 Catorce	18 Dieciocho	22 Veintidós	26 Veintiséis	30 Treinta

casa

oficina

colegio

instituto

taller

farmacia

banco

bar

discoteca

mercado

supermercado

piscina

ciudad

biblioteca

calle

parque

restaurante

pueblo

5 Escucha y subraya las preguntas y las respuestas 🎤 ¹⁹ *sub* ✏️
que oyes.

- Hola, ¿quién eres?
- ▼ Soy María.

- ¿Cómo es Valencia?
- ▼ Es una ciudad grande y agradable.

- ¿Cómo te llamas?
- ▼ Susana.

- ¿Cómo se escribe ciudad?
- ▼ C-i-u-d-a-d.

- Buenos días, ¿qué tal está usted?
- ▼ Muy bien, gracias.

- ¿Qué tal?
- ▼ Regular.

- ¿Puede repetir?
- ▼ Sí; C-I-U-D-A-D.

- ¿Qué eres?
- ▼ Soy periodista.

- ¿De dónde eres?
- ▼ Soy española, de Valencia.

- ¿Cómo estás?
- ▼ Bien, ¿y tú?

6 Lee y relaciona. 📖 📊

a

Eva Amaral,
cantante.

c

Isabel Coixet,
directora de cine.

e

Margarita Salas,
científica.

g

Elsa Pataky,
actriz y modelo.

i

Michelle Bachelet,
política.

b

Javier Bardem,
actor.

d

Rafael Nadal,
tenista.

f

Pedro Duque,
astronauta.

h

Carolina Herrera,
diseñadora de moda
y perfumes.

j

Antonio Canales,
bailaor.

1️⃣ Soy de Madrid. Ahora vivo en Estados Unidos. Trabajo en el cine y en el teatro. También soy modelo.

2️⃣ Soy de Mallorca. Para mi trabajo necesito una buena raqueta y mucha concentración. Viajo de continente a continente.

3️⃣ Soy de Las Palmas de Gran Canaria. Trabajo en el cine. Para mi trabajo necesito hablar y pronunciar muy bien. Mi premio más importante es un Oscar.

4️⃣ Soy de Asturias. Investigo en la bioquímica y publico con otros compañeros. Colaboro con sociedades científicas, academias y editoriales.

5️⃣ Soy andaluz. Para mi trabajo necesito unos buenos zapatos y música flamenca. Viajo y actúo por todo el mundo.

6️⃣ Soy de Zaragoza. Para mi trabajo necesito una buena voz. Toco instrumentos musicales. Vendo discos.

7️⃣ Soy de Madrid, pero trabajo en Estados Unidos. Para mi trabajo necesito una nave espacial. Viajo por el universo.

8️⃣ Soy de Chile. Trabajo en la política y mi puesto es muy importante, pero dura poco tiempo si la gente no está contenta con mi trabajo.

9️⃣ Soy de Caracas. Vivo en Nueva York. Trabajo en la moda y creo perfumes. Mi secreto es la elegancia en la manera de vestir.

🔟 Soy de Barcelona. También trabajo en publicidad y en la música. La gente ve mis películas en el cine.

7 Completa. *com*

1

Me _llamo_ Fher. _____ mexicano, de Puebla. _____ músico. _____ la guitarra y canto. Mi grupo se _____ Maná. Actuamos por todo el _____.

2

Me llamo Cecilia y me apellido Roth. Soy _____ Argentina, pero _____ en España. Soy actriz. _____ hermana del músico Ariel Rot.

3

Me llamo Fernando Botero. _____ colombiano, _____ Medellín. _____ pintor, escultor y dibujante. Mis obras _____ famosas en todo el _____.

8 Completa con tus datos personales. *com*

TODOS NO SOMOS IGUALES

APELLIDOS: _____   NOMBRE: _____

NACIONALIDAD: _____   SEXO: _____

PROFESIÓN: _____   EDAD: _____

TELÉFONO: _____

DIRECCIÓN: _____

¿Dónde vives? _____   ¿A qué hora ves la tele? _____

¿Dónde trabajas o dónde estudias? _____   ¿Cuándo y dónde lees? _____

¿Qué desayunas? _____   ¿Qué idiomas hablas? _____

¿Y qué cenas? _____   ¿Adónde viajas de vacaciones? _____

¿Qué tipo de programas escuchas en la radio? _____

Estoy en España

1. Pretexto

3

1 Subraya la respuesta correcta. En parejas: pregunta y contesta. *sub.*

1 ¿Dónde está Valencia?
a Está en el centro.
b Está en el sur.
c Está en el este.

2 ¿Dónde está San Sebastián?
a Está en el este.
b Está en el norte.
c Está en el oeste.

3 ¿Dónde está Madrid?
a Está en el sur.
b Está en el centro.
c Está en el este.

4 ¿Cuántas ciudades españolas hay en África?
a Hay una.
b Hay dos.
c Hay tres.

5 ¿Dónde hay un volcán?
a En Tenerife.
b En Menorca.
c En Granada.

2 Escucha y comprueba tus respuestas.)))20

3 Pregunta usando: Málaga, Salamanca, Portugal. Tu compañero/a contesta.

2. Contenidos

1 **El artículo.**

Indeterminado		Determinado	
UN	*En la clase hay **un** mapa del mundo.*	**EL**	*El mapa de la clase está en la pared.*
UNA	*Vivo en **una** ciudad pequeña.*	**LA**	*La ciudad se llama Salamanca.*
UNOS	*Aquí hay **unos** mensajes para usted.*	**LOS**	*Los mensajes son de sus alumnos.*
UNAS	*Hay **unas** gomas amarillas.*	**LAS**	*Las gomas son amarillas.*

2 **Presente del verbo** *estar*: **saludar y localizar.**

	ESTAR
Yo	est-**oy**
Tú	est-ás
Usted	est-á
Él / Ella	
Nosotros/as	est-amos
Vosotros/as	est-áis
Ustedes	est-án
Ellos / Ellas	

El verbo ***estar*** es irregular en la primera persona del singular.

Lo usamos para:

1. **Preguntar por el estado de las personas:** ●))21

● *Buenos días señor Goñi, ¿cómo **está** usted?*
▼ *Muy bien, gracias.*

● *Hola Laura, ¿cómo **estás**?*
▼ ***Estoy** cansada.*

● *Hola Carlos, ¿qué tal (**estás**)?*
▼ *Bien.*

2. **Localizar.**

En preguntas

1. ¿Dónde está + **nombre de persona**: *Luis, María*?

+ ***el / la*** + **sustantivos referidos a:**
- **cosas:** *el libro, la silla*?
- **lugares:** *el parque, la farmacia, El Amazonas*?
- **personas:** *el chico, la profesora*?

2. ¿Dónde están + **nombres de personas**: *Luis, María*?

+ ***los / las*** + **sustantivos referidos a:**
- **cosas:** *los libros, las llaves*?
- **lugares:** *Los Pirineos, Las Canarias*?
- **personas:** *los chicos, las profesoras*?

En respuestas

1. **Nombre de persona** + está

   + en + **lugar**: *María está* **en el parque**.

   + **adverbios para localizar**: *Luis está* **allí**.

   Sustantivo de persona, lugar o cosa + está

   + en + **lugar**: *El parque está* **en el centro**.

   + **adverbio para localizar**: *La farmacia está* **ahí**.

2. **Nombres de personas** + están

   + en + **lugar**: *Luis y María están* **en casa**.

   + **adverbio para localizar**: *Luis y María están* **aquí**.

   Sustantivos de personas, lugares o cosas + están

   + en + **lugar**: *Los libros están* **en la estantería**.

   + **adverbio para localizar**: *Las llaves están* **dentro del cajón**.

Lee y escucha los ejemplos.

● *¿Dónde* **está la Biblioteca General***?*
▼ *La biblioteca está en el centro histórico.*

● *¿Dónde* **está Marta***?*
▼ *Está en la cafetería.*

● *¿Dónde* **está Managua***?*
▼ *Está en Centroamérica.*

3 La forma verbal *hay*.

La usamos para:

1. Localizar.

En preguntas

¿Dónde **HAY** + *un, una* + sustantivo?

En respuestas

HAY + *un, una, unos, unas* + sustantivo
+ lugar / numerales / sustantivo

● *¿Dónde* **hay un** *banco?*
▼ *En la siguiente calle a la derecha.*

● *¿Dónde* **hay una** *farmacia?*
▼ **Hay una** *(farmacia) en la plaza.*

2. Expresar cantidad.

Para preguntar y contestar

*¿***Cuánto/a/os/as** + sustantivo + **hay***?*

● *¿***Cuánto** *dinero* **hay** *en la caja?*
▼ *(En la caja hay) 24,30 euros.*

● *¿***Cuántos** *empleados* **hay** *en la oficina?*
▼ *Creo que 45.*

4 **Localización: ¿Dónde está?**

a Aquí, ahí, allí. 🔊)²⁵
Escucha y repite.

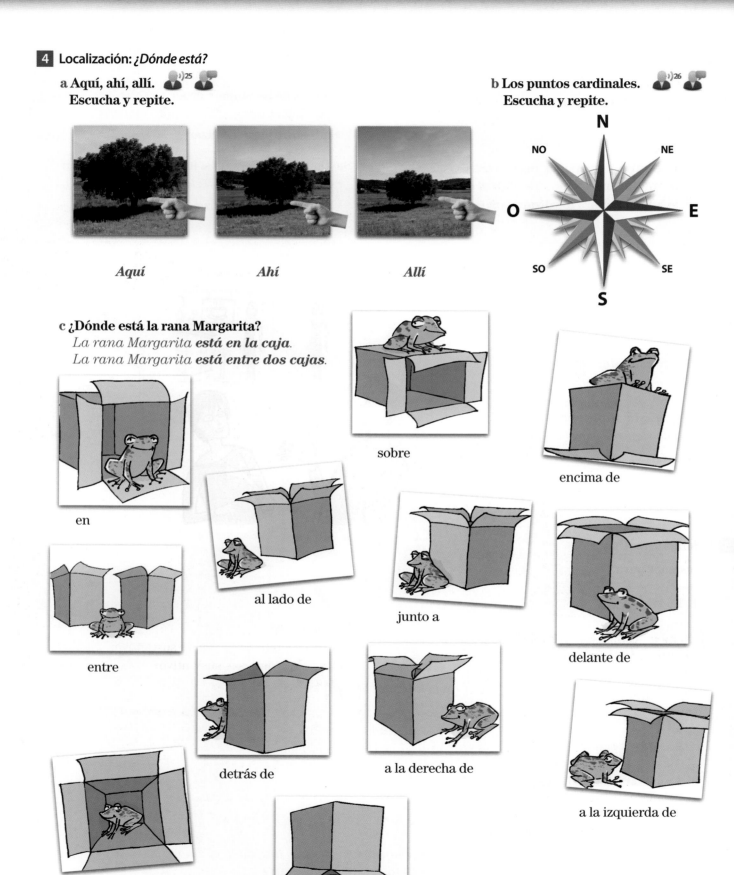

Aquí   Ahí   Allí

b Los puntos cardinales. 🔊)²⁶
Escucha y repite.

N
NO   NE
O   E
SO   SE
S

c ¿Dónde está la rana Margarita?

La rana Margarita **está en la caja**.
La rana Margarita **está entre dos cajas**.

sobre

encima de

en

al lado de

junto a

delante de

entre

detrás de

a la derecha de

a la izquierda de

al fondo de

debajo de

5 La clase.

1 el cuaderno	9 el lápiz
2 el bolígrafo (el boli)	10 la mesa
3 la tiza	11 la ventana
4 el borrador	12 la silla
5 la pizarra	13 el libro
6 la goma	14 la puerta
7 la regla	15 la carpeta
8 el sacapuntas	

6 Números cardinales del 30 al 50. Lee, escucha y subraya lo que oyes.

30 treinta	41 cuarenta y uno
31 treinta y uno*	42 cuarenta y dos
32 treinta y dos	43 cuarenta y tres
33 treinta y tres	44 cuarenta y cuatro
34 treinta y cuatro	45 cuarenta y cinco
35 treinta y cinco	46 cuarenta y seis
36 treinta y seis	47 cuarenta y siete
37 treinta y siete	48 cuarenta y ocho
38 treinta y ocho	49 cuarenta y nueve
39 treinta y nueve	50 cincuenta
40 cuarenta	

7 Números ordinales.

1.º primero	1.ª primera
2.º segundo	2.ª segunda
3.º tercero	3.ª tercera
4.º cuarto	4.ª cuarta
5.º quinto	5.ª quinta

*Pedro vive en el **quinto** derecha y su amiga Esther en el **segundo** izquierda.*

* ATENCIÓN

Desde el número 31 los números se escriben separados: treinta y uno.

3. Practicamos los contenidos

1 **Escribe y completa.**

- ¿Dónde está la rana Margarita?

1. *Está delante de la caja.*

2. _____

3. _____
_____

4. _____
_____

5. _____
_____

6. _____
_____

7. _____
_____

8. _____
_____

9. _____
_____

10. _____
_____

11. _____
_____

12. _____
_____

2 **a** **Escribe con letras.**

1 En el hotel hay 48 *cuarenta y ocho* habitaciones.
2 Hoy es 31 _____ de octubre.
3 41 _____ + (más) 9 _____
son 50 _____.
4 49 _____ - (menos)
32 _____ son 17 _____.
5 En la escuela hay 44 _____ chicas
y 36 _____ chicos.

b **Escribe los números.**

1 En el hotel hay (treinta y siete) *37* habitaciones.
2 Hoy es (treinta) ____ de octubre.
3 (Veintisiete) ____ + (catorce) ____ son (cuarenta y uno) ____.
4 (Treinta y siete) ____ – (doce) ____ son (veinticinco) ____.
5 En la oficina hay (veintinueve) ____ hombres y (treinta y dos) ____ mujeres.

3 ¿Qué es? / ¿Qué son y cuántos hay?

*Son lápices
y hay...*

Es una pizarra.

4 Completa con *un, una, unos, unas, el, la, los, las.*

1 ● ¿Dónde está _el_ cine Victoria?
  ▼ En ____ Plaza de la Merced.
2 ● Hay ____ chica en ____ puerta.
  ▼ Sí, es ____ hija de Roberto.
3 ● ¿Dónde está ____ Teide?
  ▼ En Tenerife.
4 ● ¿Dónde hay ____ biblioteca buena?
  ▼ En ____ centro.
5 ● ¿Qué desea?
  ▼ ____ vino tinto, por favor.
6 ● ¿De dónde es ____ profesora?
  ▼ De Valencia, creo.
7 ● En San Sebastián hay ____ playa preciosa*.
  ▼ Sí, se llama La Concha.
8 ● ¿Cuál es ____ capital de Ecuador?
  ▼ Quito.
9 ● ¿Qué hay en esta bolsa?
  ▼ ____ papeles importantes.
10 ● ¡Qué ruido!
  ▼ Sí, es que hay ____ fiesta en ____ primer piso.

  * *Preciosa = muy bonita.*

5 Completa con la forma correcta del presente del verbo *estar.*

1 ● ¿Dónde _está_ el sacapuntas?
  ▼ En el cajón de tu mesa.
  ● ¿Y los lápices?
  ▼ _____ encima de la mesa.
2 ● Oye, ¿Correos _____ cerca?
  ▼ En autobús, a 10 minutos.
3 ● ¿_____ Alicia?
  ▼ No, ahora _____ en clase.
4 ● Argentina y México _____ en América del Sur.
  ▼ No, México no.
5 ● ¿En qué armario _____ los libros de filosofía?
  ▼ En el número 7.
6 ● Por favor, ¿dónde _____ los servicios?
  ▼ Al fondo del pasillo.
7 ● ¿Dónde trabajas ahora?
  ▼ _____ en una empresa de publicidad.
8 ● Oye ¿dónde _____ Mario y Javier?
  ▼ En Buenos Aires.
9 ● ¿Dónde _____ el Museo de Arte Contemporáneo?
  ▼ Detrás de la Catedral.
10 ● ¿Y el profesor?
  ▼ _____ en el despacho del director.

6   **En parejas. Pregunta y contesta.**

● Por favor, ¿dónde está la calle Flor Baja?
▼ Todo recto y la primera calle o la segunda calle a la izquierda.
● Muchas gracias.
▼ De nada.

● Perdón señora, ¿para ir a la calle San Ignacio?
▼ La tercera calle a la derecha y después la primera a la derecha.
● Muchísimas gracias.
▼ No hay de qué.

7   **Completa con *está* y *hay*.**

El salón de Pedro
A la derecha _____ un balcón muy grande. A la izquierda _____ una librería de madera. Delante de la librería _____ el sofá. Delante del sofá _____ una mesa pequeña. Enfrente _____ la televisión, sobre una mesa. Al lado del sofá _____ una mesa con seis sillas. En el salón _____ muchos cuadros modernos. _____ dos lámparas. Una _____ sobre la mesa y la otra _____ junto al sofá. _____ muchos libros y fotos. En el salón no _____ alfombras. El DVD _____ debajo de la tele.

4. De todo un poco

1   **En parejas. Pregunta y contesta.**

1 La biblioteca está en la plaza de la Marina.
● *¿Es verdadero o falso que la biblioteca está en la Plaza de la Marina?*
▼ *Es falso.*
2 El museo está al lado de la biblioteca.
3 La farmacia está cerca del museo.
4 La librería está enfrente de la farmacia.
5 El estanco está en una plaza.
6 La catedral está a la derecha de la biblioteca.
7 El banco está a la izquierda de la farmacia.
8 El colegio está junto al instituto.
9 El parque está lejos de la calle Álamos.
10 La fuente está en la plaza del Río.

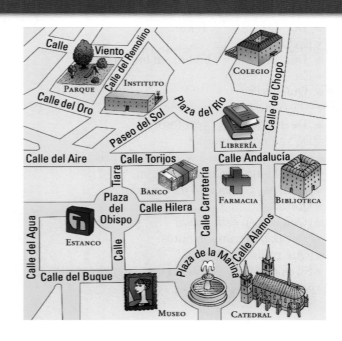

2 Escucha y completa con las puertas de embarque.

Señores pasajeros. Les informamos de las puertas de embarque ya asignadas para los vuelos de conexión de la compañía Iberia.

Iberia 4500 con destino Caracas, puerta (M) _48_ .

Iberia 3251 con destino Barcelona, puerta (J) _____ .

Iberia 2443 con destino México DF, puerta (S) _____ .

Iberia 0249 con destino Bilbao, puerta (H) _____ .

Iberia 1879 con destino Sao Paulo, puerta (R) _____ .

Ahora, lee tú los números de vuelo. Recuerda que debes leer los números así: *cuatro, cinco, cero, cero*.

3 En dos grupos.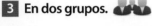

Mira el mapa del PRETEXTO y escribe preguntas para el otro grupo.
Un compañero o compañera responde rápidamente.
¿Quién gana?

¿Dónde está Barcelona?
¿Cuántos ríos hay?

4 Escucha y completa.

En la calle:

- Por favor, ¿para ir a la _____ de la Libertad?
▼ Es fácil, la segunda calle _____ la izquierda.
- Muchas gracias.

En la oficina:

- Buenos _____, ¿el despacho del _____ Rosales, por favor?
▼ La primera _____ a la derecha.
- ¿_____?
▼ La primera puerta a la derecha.
- Muchas gracias.
▼ De nada. _____, buenos días.

Y ahora tú, pregunta. ¿Dónde está? o ¿para ir a...?

5 Escucha y contesta. ¿De qué lugar hablan?
¿De la ilustración 1, de la 2 o de la 3? ¿Cómo es tu oficina?

1

2

3

6 Lee.

España está en el sudoeste de Europa, en la Península Ibérica. La capital es Madrid y está en el centro del país. En España hay diecisiete Comunidades Autónomas. Ceuta y Melilla son ciudades autónomas; están en el norte de África. España es una monarquía parlamentaria; Juan Carlos I es el rey de España.
En España hay más de cuarenta y seis millones de habitantes y cuatro lenguas oficiales: el español (castellano), el gallego, el vasco y el catalán.
Hay dos archipiélagos: las Baleares en el Mediterráneo y las Canarias en el Atlántico.

Los principales ríos son: Duero, Tajo, Guadiana y Guadalquivir (Océano Atlántico) y Ebro (Mar Mediterráneo).
España es un país montañoso; el Mulhacén es el monte más alto de la Península.
Ciudades importantes son: Barcelona, Bilbao, Valencia, Sevilla y Zaragoza. Málaga es la capital de la Costa del Sol. Salamanca es una ciudad monumental, con una universidad muy antigua. En San Sebastián hay un festival internacional de cine muy importante.
El turismo es el principal recurso económico.

a Contesta.

1 ¿Cuántas Comunidades Autónomas hay en España? _____ .
2 ¿Cuáles son las lenguas oficiales de España? _____ .
3 ¿Qué lugares de España no están en la Península Ibérica? _____ .

b Pregunta.

1 ¿ _____ ? Es Madrid.
2 ¿ _____ ? Juan Carlos I.
3 ¿ _____ ? Hay cuatro lenguas oficiales.
4 ¿ _____ ? Ceuta y Melilla están en el norte de África.
5 ¿ _____ ? El turismo.

7 Escribe.

a Con el modelo de la actividad anterior, escribe sobre tu país. Usa las formas adecuadas de *ser*, *estar* y *hay* y el vocabulario que ya sabes.

b Con el modelo de PRACTICAMOS LOS CONTENIDOS, actividad 7, describe un lugar conocido.

Repaso

1 Escucha y di quién es quién: Benicio del Toro, Alejandro Sanz, Karlos Arguiñano.

Cantante: _____ Cocinero: _____ Actor: _____

2 Pregunta a tu compañero/a por:
- su nacionalidad
- su día favorito
- su color favorito
- las características de su amigo/a

3 a Cuenta con quién vives, dónde vives y qué haces en casa.

   b Describe un lugar.

4 Lee.

Madrid 9/11/09

Hola Marta:
¿Qué tal estás? ¿Todo bien en Boston?
Yo estoy en Madrid. Hago un curso de
español para extranjeros. Estoy en el
nivel A2. Tengo ocho compañeros: tres de
Marruecos, dos senegaleses, una chica
japonesa y una chica de Nueva Zelan-
da. Son muy amables. A veces salgo con
las dos chicas. Vemos museos y comemos
en bares, cafeterías y restaurantes.
Madrid es una ciudad preciosa.
Un beso.
Chantal

Di si es verdadero o falso.

		V	F
1	Marta vive en Boston.	V	F
2	Chantal tiene compañeros europeos.	V	F
3	Los chicos no son amables.	V	F
4	Chantal come siempre en bares, cafeterías y restaurantes.	V	F

5 Escribe con el modelo anterior una postal a tu amigo/a imaginario/a.

6 Señala la respuesta adecuada.

1 Saluda a una chica de 15 años.
   a. ¿Cómo estás?   **b.** ¿Cómo está usted?

2 Cuando quieres ir a un lugar y no sabes cómo se va, preguntas:
   a. ¿Conoce dónde está...?   **b.** ¿Para ir a...?

3 ¿Cómo se deletrea esta palabra?
   a. z-u-i-d-a-d   **b.** c-i-u-d-a-d

4 La persona que proyecta casas y edificios se llama
   a. arquitecto   **b.** fontanero

5 El contrario de *antiguo* es:
   a. moderno   **b.** joven

6 Eva Amaral es:
   a. cantante   **b.** científica

7 Las personas que apagan incendios son:
   a. bomberos   **b.** carpinteros

8 El Teide está:
   a. en Tenerife   **b.** en Mallorca

9 El _____ pasa por Zaragoza.
  a. Guadalquivir **b.** Ebro

10 ● ¿_____ es la capital de España?
  ▼ Madrid.
  a. Qué   **b.** Cuál

11 ● ¿Dónde _____ un banco?
  ▼ En la segunda calle a la derecha.
  a. hay   **b.** está

12 ● ¿A qué te _____?
  ▼ Trabajo en una oficina.
  a. trabajar   **b.** dedicas

13 ● ¿Dónde trabajas?
  ▼ _____ un taller.
  a. En   **b.** A

14 ● ¿_____ eres?
  ▼ Soy Ramona Araújo.
  a. Quién   **b.** Cual

15 ● ¿_____ es el diccionario?
  ▼ De la profesora.
  a. A quién   **b.** De quién

16 ● ¿_____ el principal recurso económico de España?
  ▼ El turismo.
  a. Qué esta   **b.** Cuál es

17 ● ¿En que ciudad _____ festival
    internacional de cine?
  ▼ En San Sebastián.
  a. hay un   **b.** está

18 ● ¿_____ Salamanca?
  ▼ Monumental.
  a. Qué está   **b.** Cómo es

7 Ortografía.

  a. Completa con C o Z.
  • Los __apatos de Sergio son caros.
  • Los españoles beben __erve__a y vino.
  • Donde yo vivo hay una pis__ina muy grande.
  • El __ielo es a__ul.

  b. Completa con C o QU.
  • Mis hermanas son pe__eñas.
  • ¿__ién es la directora?
  • Re__ibo __ien correos electrónicos al mes.
  • __iero saber __uántos alumnos hay en tu clase.

19 ● ¿De dónde eres?
  ▼ _____
  a. Estoy chileno. **b.** Soy chileno.

20 Antonio está _____ la escuela.
  a. en   **b.** a

21 ● Por favor, la Plaza de la Hispanidad, ¿_____ cerca?
  ▼ Sí, muy cerca de aquí.
  a. es   **b.** está

22 El coche _____ jefe es nuevo.
  a. del   **b.** de el

23 José es _____. Trabaja en un taller.
  a. abogado   **b.** mecánico

24 ● ¿Dónde _____ una biblioteca pública?
  ▼ En el centro.
  a. está   **b.** hay

25 La profesora escribe en _____ con _____.
  a. la pizarra / tiza   **b.** libro / sacapuntas

26 ● ¿Cómo es tu padre físicamente?
  ▼ Un poco _____.
  a. gordo y rubio **b.** inteligente y amable

27 ● ¿Qué eres?
  ▼ _____
  a. Soy mecánico. **b.** Veo la tele.

28 A las 7 de la mañana _____.
  a. cenamos   **b.** desayunamos

29 ● Hola, ¿cómo _____?
  ▼ Bien, pero _____ un poco cansada.
  a. eres / estoy **b.** estás / estoy

30 ● ¿_____ vale un paquete de tabaco en España?
  ▼ Ni idea, no fumo.
  a. Cuántos   **b.** Cuánto

8 Fonética. Escucha, lee y repite tres veces.

El perro de san Roque no tiene rabo
porque Ramón Ramírez se lo ha robado.

La familia bien, gracias

1. Pretexto

Redacción "Mi familia"

En mi familia somos **5** personas en total

...bueno, **4** personas en total mas un gatito

...bueno, **3** personas en total mas un gatito y un bebe

1 **Ahora tú.**
Escucha el texto. Pregunta
y contesta a tu compañero/a.
1 ¿Dónde está Rita?
2 ¿Qué hace Rita?
3 ¿Cómo es Rita?
4 ¿Cuántos años crees que
   tiene Rita?

2 Escribe, como Rita,
sobre tu familia.

4

La familia bien, gracias

2. Contenidos

1 Presente de los verbos irregulares en primera persona del singular (yo).

a -g-

	HAC-ER	SAL-IR	PON-ER
Yo	ha**g**-o	sal**g**-o	pon**g**-o
Tú	hac-es	sal-es	pon-es
Usted Él / Ella	hac-e	sal-e	pon-e
Nosotros/as	hac-emos	sal-imos	pon-emos
Vosotros/as	hac-éis	sal-ís	pon-éis
Ustedes Ellos / Ellas	hac-en	sal-en	pon-en

● ¿Qué **haces** los sábados?
▼ **Hago** muchas cosas: deporte, veo una película en el DVD...

● ¿**Sales** con tu novio/a?
▼ No, **salgo** con mis amigas.

● ¿**Pongo** la mesa?
▼ Sí, por favor.

b -ig-

	TRA-ER
Yo	tra**ig**-o
Tú	tra-es
Usted Él / Ella	tra-e
Nosotros/as	tra-emos
Vosotros/as	tra-éis
Ustedes Ellos / Ellas	tra-en

c -oy

	D-AR	EST-AR
Yo	d-**oy**	_____
Tú	d-as	_____
Usted Él / Ella	d-a	_____
Nosotros/as	d-amos	_____
Vosotros/as	d-ais	_____
Ustedes Ellos / Ellas	d-an	_____

● ¿**Traes** el diccionario a clase?
▼ Sí, **traigo** el diccionario todos los días.

● ¿Paseas todos los días?
▼ Sí, todas las tardes **doy** un paseo por la playa.

● Hola, Alfonso, ¿qué tal **estás**?
▼ **Estoy** bien, ¿y tú?
● Bien, gracias.

Observa y completa la conjugación de *estar*.

d -zc-

	CONOC-ER	OFREC-ER
Yo	cono**zc**-o	_____-o
Tú	conoc-es	_____-es
Usted Él / Ella	conoc-e	_____-e
Nosotros/as	conoc-emos	_____-emos
Vosotros/as	conoc-éis	_____-éis
Ustedes Ellos / Ellas	conoc-en	_____-en

	CONDUC-IR	TRADUC-IR
Yo	condu**zc**-o	_____
Tú	conduc-es	_____
Usted Él / Ella	conduc-e	_____
Nosotros/as	conduc-imos	_____
Vosotros/as	conduc-ís	_____
Ustedes Ellos / Ellas	conduc-en	_____

● ¿**Conoces** a la señora Fernández, la nueva directora comercial?
▼ No, no la **conozco**.

● Laura **conduce** muy bien.
▼ Estoy de acuerdo.

● ¿Cómo **traduzco** 'e-mail' al español?
▼ Correo electrónico.

Observa y completa la conjugación de *ofrecer* y *traducir*.

e Un caso especial: SABER.

	SAB-ER
Yo	sé
Tú	sab-es
Usted Él / Ella	sab-e
Nosotros/as	sab-emos
Vosotros/as	sab-éis
Ustedes Ellos / Ellas	sab-en

● *Perdón, señora, ¿**sabe** dónde está*
  el Hotel Irache?
▼ *No sé, no sé... ¡Ah, sí! Está al final*
  de la calle Iribarren.

2 **Presente verbos irregulares excepto en las personas** *nosotros/as* **y** *vosotros/as*.

	TEN-ER	**VEN-IR**	**DEC-IR**	**O-ÍR**
Yo	ten**g**-o	ven**g**-o	di**g**-o	oi**g**-o
Tú	t**ie**n-es	v**ie**n-es	dic-es	o**y**-es
Usted Él / Ella	t**ie**n-e	v**ie**n-e	dic-e	o**y**-e
Nosotros/as	ten-emos	ven-imos	dec-imos	o-ímos
Vosotros/as	ten-éis	ven-ís	dec-ís	o-ís
Ustedes Ellos / Ellas	t**ie**n-en	v**ie**n-en	dic-en	o**y**-en

● *¿Cuántos años **tienes**, Marta?*
▼ ***Tengo** seis.*

● *¿De dónde **vienes**?*
▼ ***Vengo** de la farmacia.*

● *¿Qué dices, Pepe? No **oigo** bien.*
▼ *(**Digo**) que **tengo** frío.*

3 **Presentes de verbos completamente irregulares.**

	SER	**IR**
Yo	_____	v-**oy**
Tú	_____	v-as
Usted Él / Ella	_____	v-a
Nosotros/as	_____	v-amos
Vosotros/as	_____	v-ais
Ustedes Ellos / Ellas	_____	v-an

● *¿De quién **son** esas gafas?*
▼ *Creo que **son** de Paqui.*

● *¿Adónde **vas**?*
▼ ***Voy** a clase.*

● *¿De dónde **eres**?*
▼ *De Tucumán. Está en Argentina.*

Completa la conjugación de *ser*.

4 Palabras y expresiones que indican frecuencia.

Siempre, todos los días

Normalmente, generalmente, muchas veces

A veces

Una vez a la semana, dos veces a la semana…

Una vez al mes, dos veces al mes…

Casi nunca

Una vez al año, dos veces al año...

Nunca

- ● *¿Andas todos los días?*
- ▼ *Sí, **siempre**.*

- ● *¿Lee usted periódicos deportivos?*
- ▼ ***A veces**.*

- ● *¿Comes en casa a mediodía?*
- ▼ ***Dos veces a la semana**.*

En parejas. Tu compañero/a te pregunta. Tú contestas.

   1 ¿Andas todos los días?
   2 ¿Lees periódicos deportivos?
   3 ¿Comes en casa a mediodía?

   Tú puedes hacer más preguntas.

5 El verbo *tener*.

Tener fiebre

Tener
sueño

Tener miedo

Tener frío

Tener años

Tener calor

6 **La familia de Nuria.**

Estado civil: soltero/a, casado/a, divorciado/a, viudo/a.

7 **Posesivos.**

Masculino singular	Femenino singular	Masculino plural	Femenino plural
mi	mi	mis	mis
tu	tu	tus	tus
su	su	sus	sus
nuestro	nuestra	nuestros	nuestras
vuestro	vuestra	vuestros	vuestras
su	su	sus	sus

● *¿Y* ***tus*** *padres?*
▼ *Están de viaje.*

● *¿Quiénes son?*
▼ ***Nuestros*** *vecinos.*

● *¿Mar es* ***tu*** *hermana?*
▼ *No, es* ***mi*** *prima.*

● *¿Pedro y Marcos son* ***vuestros*** *vecinos?*
▼ *Sí, viven en el piso de al lado.*

8 **Saber / Conocer.**

Saber

Infinitivo	*Laura no* ***sabe*** *esquiar.*
	Carmen ***sabe*** *bailar flamenco.*
Quién	*No* ***saben*** *quién es Cervantes.*
Qué	*No* ***sabemos*** *qué hacer hoy.*
Cómo	*¿****Sabes*** *cómo se hace la mayonesa?*
Cuándo	*Ya* ***saben*** *cuándo va a llegar.*
Dónde	*No* ***sé*** *dónde está la calle Córdoba.*
Cuánto	*¿****Sabes*** *cuánto cuesta un sello?*
Cuál/Cuáles	*¿****Sabes*** *cuál es el autobús para el centro?*
Por qué	*No* ***sé*** *por qué existen la b y la v.*
Para qué	*¿****Sabes*** *para qué sirve esto?*
Lo que	*¿****Sabéis*** *lo que pasa en la calle?*

Conocer

Lugares
*¿****Conoces*** *Argentina?*
Mis padres ***no conocen*** *la Alhambra.*
Enrique ***conoce*** *muy bien Centroamérica.*

Personas
● *¿****Conoces*** *a Felisa?*
▼ *Sí, la* ***conozco*** *bien.*

● *¿Qué te parece Agustín?*
▼ *No puedo opinar porque lo* ***conozco*** *poco.*

9 Pedir y dar información.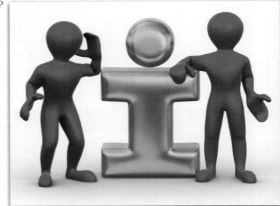

- *Perdón, ¿**sabe usted dónde** está la parada del autobús número 7?*
- ▼ *Creo que está cerca de aquí, en la primera calle a la derecha.*
- *Muchas gracias.*

- *Buenos días, **necesito información sobre** los trenes a Córdoba para esta tarde.*
- ▼ *Esta tarde hay dos. Uno a las 16:15 y otro a las 18:30.*
- *Muy amable.*

- *Hola, ¿**sabes si** Juan está en su despacho?*
- ▼ *No tengo ni idea. Lo siento.*

- *¿**Sabes algo de** Antonio?*
- ▼ *Sí, que está de vacaciones en el Caribe.*

3. Practicamos los contenidos

1 Completa.

1 ● ¿Dónde (poner, yo) _pongo_ las flores?
▼ En la entrada.
2 ● ¿Qué tal (conducir) _____ tu novia?
▼ Muy bien.
3 ● ¿Adónde (ir, tú) _____?
▼ Al médico, con mi mamá.
4 ● ¿Cuándo (salir) _____ las notas?
▼ Pasado mañana.
5 ● ¿De dónde (ser, ustedes) _____?
▼ De Chihuahua, México.

6 ● ¿Qué (traer, tú) _____ en la bolsa?
▼ El diccionario y los libros de Román.
7 ● María Pilar siempre (venir) _____ en coche.
▼ Sí, porque vive lejos.
8 ● ¿Qué (traducir, tú) _____?
▼ Una carta para la directora del instituto.
9 ● ¿Qué (decir, tú) _____? No (oír, yo) _____ bien.
▼ (Decir, yo) _____ que (tener, yo) _____ sueño.
10 ● ¿(Pasear, tú) _____ todos los días?
▼ Sí, todas las tardes (dar, yo) _____ un paseo por la playa.

2 Completa.

Mi amigo Carlos y yo *vivimos* juntos. Él (ser) _____ profesor de informática. (Tener, él) _____ 32 años y (salir) _____ con Patricia, una chica muy agradable. Por las mañanas (trabajar) _____ en una empresa de publicidad y por las tardes (dar) _____ clases particulares. Yo (estudiar) _____ Arquitectura y (ir) _____ a clase por las tardes. Por eso, normalmente, yo (preparar) _____ la comida y él (limpiar) _____ la cocina. Los fines de semana nosotros (hacer) _____ fiestas en casa y (venir) _____ muchos amigos y (traer) _____ comida y bebida.
Entre semana (estar, él) _____ en casa; (ver) _____ la tele si hay partido de fútbol, o (escuchar) _____ la radio. Entre nosotros no hay problemas. ¡Ah! Me (llamar, yo) _____ Rafa.

ATENCIÓN	
Por la mañana	A las 7 de la mañana
Por la tarde	A las 4 de la tarde
Por la noche	A las 11 de la noche

3 Relaciona.

Abrimos la ventana 1.
No tiene carné de conducir 2.
Bebéis agua 3.
Hago un bocadillo 4.
Va a la cama 5.
Toman té caliente 6.
Tienes prisa 7.
No viaja en avión 8.
Mi hijo no va al colegio 9.
No sé contestar 10.

porque

a. tiene sueño.
b. tienen frío.
c. tengo hambre.
d. *tenemos calor.*
e. llegas tarde.
f. tiene miedo.
g. tiene fiebre.
h. tenéis sed.
i. tiene 14 años.
j. no tengo ni idea.

4 Posesivos.

a Escribe.

1 Tiene dos amigos peruanos.
Son sus amigos.

2 Tenemos dos casas.
_____

3 Tenéis una empresa.
_____

4 Tienen dos socios italianos.
_____

5 Tengo unas tijeras.
_____

b Completa con el posesivo adecuado.

1 ● ¿Sales hoy con _____tus_____ amigos?
  ▼ Sí, vamos al cine.

2 ● Señora, ¿ _____ marido se llama
   Alberto de los Ríos?
  ▼ No, se llama Alfredo del Río.

3 ● ¿Usted tiene una empresa?
  ▼ Sí, _____ empresa se llama *Maratex.*

4 ● ¿Tienen ustedes socios italianos?
  ▼ Sí, _____ socios italianos son el señor
   di Luca y la señora Bettini.

5 ● Señora Goñi, ¿está usted de acuerdo con
   _____ empleados?
  ▼ Sí, claro que estoy de acuerdo con ellos.

5 La familia. El estado civil.
Completa.

1 José no está casado, es _soltero / viudo / divorciado._
2 El padre de mi padre es mi _____
3 La hermana de mi madre es mi _____
4 El hijo de mi hermana es mi _____
5 Las hijas de mis tíos son mis _____
6 Mi madre es _____ de mi abuelo.
7 Mi madre y mi padre están _____
8 La señora Rubio es _____
9 Los padres de Margarita están _____
10 Los hijos de mis hijas son mis _____

6 Completa ¿saber o conocer? com

1 ● ¿(Conocer, usted) ___*Conoce*___ París?
   ▼ No, todavía no.
2 ● Por favor, ¿ _____ (usted) cómo se va
   a la Catedral?
   ▼ Sí, todo recto y la primera a la derecha.
3 ● ¿_____ (tú) a Pablo?
   ▼ No, ¿qué tal, Pablo? Mucho gusto.
4 ● ¿_____ (vosotros) el número
   de teléfono de Irene?
   ▼ Sí, aquí tengo su tarjeta.
5 ● ¿Tienes coche?
   ▼ No, es que no _____ conducir.

6 ● Hoy voy a _____ a los padres de mi novia.
   ▼ ¡Qué nervios!
7 ● Oye, ¿tú _____ para qué sirve Internet?
   ▼ Bueno, creo que para _____ más cosas
   y para _____ a más personas.
8 ● ¿Cuántos idiomas _____?
   ▼ Inglés, alemán y un poco de español.
9 ● Quiero _____ bien España y a
   los españoles.
   ▼ ¡Uf! Eso no es fácil.
10 ● ¿ _____ cuántos años tiene la profesora?
   ▼ Creo que 30.

7 Completa con las fórmulas necesarias para pedir información. com

1 ● ¿*Sabes algo de* (tú) Elena?
   ▼ Sí, sé que tiene un trabajo
   nuevo y está muy contenta.

2 ● Perdone, ¿ _____ (usted)
   _____ la estación
   de tren?
   ▼ Lo siento, no tengo ni idea.

3 ● Buenos días, ¿ _____ (tú)
   está Lisa en casa?
   ▼ Sí, sí está.

4 ● Buenas tardes, _____ (yo)
   los horarios de autobuses para
   Santander.
   ▼ Los domingos hay tres, uno a
   las 7:00, otro a las 12:15 y otro
   a las 15:30.
   ● Muchas gracias.

5 ● Perdón, ¿ _____ (tú)
   _____ el Parque de
   María Luisa?
   ▼ Sí, está al final de esta avenida.
   ● Gracias.
   ▼ De nada.

6 ● Buenas tardes, _____
   información sobre los cursos
   de baile.
   ▼ Un momento, enseguida viene
   el profesor.
   ● Muy amable.

7 ● ¿Sabes algo de Joaquín?
   ▼ No, _____.

4. De todo un poco

1 Relaciona. En parejas, pregunta y contesta.

Nacho	salir con sus amigos	por las noches
Esperanza	preparar una paella	los domingos
Arturo	**ir a la peluquería**	todos los días
Mariano	tener resaca*	los fines de semana
Inma	ir a la iglesia	los lunes
Mª José	escuchar música	casi siempre
Santiago	tener calor	**una vez al mes**
Isabel	poner la mesa*	dos veces por semana
Gonzalo	hacer la comida	a veces
Gema	poner la radio	a mediodía

● *¿Cúando va Nacho a la peluquería?*
▼ *Una vez al mes.*

PARA ACLARAR LAS COSAS

*Tener resaca: estar mal por la mañana después de beber mucho alcohol por la noche.

*Poner la mesa: preparar la mesa con todas las cosas necesarias para comer.

2 Vuestro/a amigo/a imaginario/a 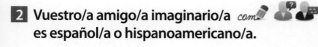 es español/a o hispanoamericano/a.

Pensáis en:

Su nombre:
Se llama _____

Sus dos apellidos:
Se apellida _____

Su nacionalidad:
Es _____

Su edad:
Tiene _____

Su estado civil:
Está _____

Su profesión:
Es _____

Su dirección:
Vive en _____

Su descripción física:
Es _____

Su carácter:
Es _____

3 En parejas, describe a las personas de esta familia. Explica cómo se llaman, qué son, de dónde son, cuántos años tienen, cómo son.

El niño se llama Rubén. Tiene dos años. Es moreno. Tiene el pelo corto y es simpático.

4 Escucha y relaciona.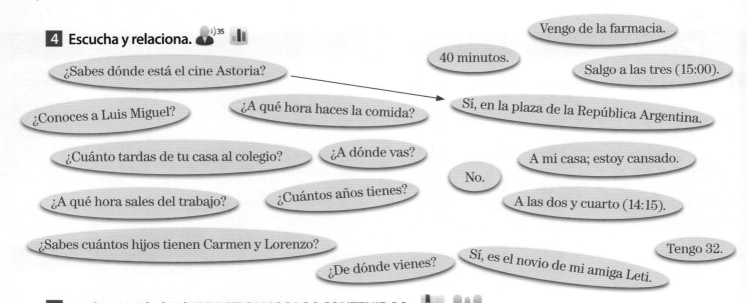

¿Sabes dónde está el cine Astoria?

Vengo de la farmacia.

40 minutos.

Salgo a las tres (15:00).

¿Conoces a Luis Miguel?

¿A qué hora haces la comida?

Sí, en la plaza de la República Argentina.

¿Cuánto tardas de tu casa al colegio?

¿A dónde vas?

A mi casa; estoy cansado.

No.

¿A qué hora sales del trabajo?

¿Cuántos años tienes?

A las dos y cuarto (14:15).

¿Sabes cuántos hijos tienen Carmen y Lorenzo?

Tengo 32.

¿De dónde vienes?

Sí, es el novio de mi amiga Leti.

5 Lee la actividad 2 de PRACTICAMOS LOS CONTENIDOS.
Con el modelo, explica con quién vives, qué haces normalmente, etc.

6 Lee y contesta.

LA FAMILIA GALDÓS

Arturo, el **PADRE** de la familia, es escritor. La **MADRE**, Elena, es ama de casa. Con ellos viven sus cuatro **HIJOS**:

Tedy, el **HIJO** mayor, vive con su **NOVIA**, Carla, pero tiene problemas con ella y regresa a casa de sus **PADRES**. Su **HERMANA** Vera es psicóloga, pero todavía no tiene trabajo. Nico, el tercero de los hijos, desea ser músico. Su **NOVIA** se llama Marisa.

Sara, la **HIJA** menor, estudia Biología y es ecologista y amante de los animales, especialmente de su tortuga Fifí. Elena y su **MARIDO** desean vivir tranquilos, pero sus **HIJOS** se quedan en casa de sus padres. Los dos intentan, por distintos medios vivir... ¡Por fin solos!

1 ¿Cómo se llama el novio de Carla?
2 ¿Cuál es la profesión del padre? ¿Qué hace la madre?
3 Di, por orden de edad, el nombre de los hijos.
4 ¿Qué sabes de Sara?
5 ¿Y de los demás hijos?
6 ¿Qué problema tienen Arturo y Elena?

7 Lee.

Hola:
Me llamo Héctor y estoy con mi abuela en una plaza del pueblo delante de la casa.
La casa está en Istán, un pueblo de la Sierra de las Nieves, en Málaga.
Estamos muy contentos porque estamos de vacaciones los dos.
Mi abuela es profesora, es la madre de mi padre.
Mi mamá se llama Sandra y mi papá, Francisco.

Escucha y subraya en el texto anterior la información que es igual.
Ahora, trae una foto a clase y escribe un texto parecido.

De fiesta en fiesta

5

1. Pretexto

Málaga

Janitzio

Antigua

Antigua, 28 de marzo

Querida Carmen:
Estoy en Antigua. La Semana
Santa aquí es maravillosa. Hay
alfombras de flores naturales
de todos los colores. Es muy
diferente a la Semana Santa
de Valladolid.
Un abrazo y hasta pronto.
José Luis

Málaga, 23 de junio

Hola, Juan:
¡Felicidades! Estoy en Málaga.
Hoy es la fiesta de san Juan.
Todo el mundo va a la playa
por la noche. A medianoche se
encienden hogueras por todas
partes y luego hay una verbena
en la playa.

Pienso mucho en ti.
Besos.
Marta

Janitzio, 1 de noviembre

Queridos padres:
Estamos en Janitzio. Hoy es la fiesta
de Todos los Santos y mañana el
día de los muertos. Aquí se celebra
la fiesta de un modo diferente al
de España. Es muy curioso: preparan
altares increíbles y pasan todo el
día y toda la noche en el cementerio sin dormir acompañando a la
persona muerta.

Un abrazo para vosotros y un beso
para el abuelo.
              Tere y Fernando

1 **Escucha y contesta.** 37

1 ¿En qué países están Antigua, Málaga y Janitzio?
2 ¿Qué es más formal «hola», o «querida» / «querido»?
3 ¿Por qué escribe «¡Felicidades!» en la segunda postal?
4 ¿En qué hemisferio va la gente a la playa en enero, en el norte o en el sur?
5 ¿En qué hemisferio esquía la gente en diciembre, en el norte o en el sur?

2 **Habla.**
¿Existen estas fiestas en tu país?

2. Contenidos

1 **Los meses del año en el hemisferio norte.**

Enero   Marzo   Mayo   Julio   Septiembre   Noviembre

Febrero   Abril   Junio   Agosto   Octubre   Diciembre

2 **La naturaleza.**

El cielo   El sol   La luna   Las estrellas

El campo   La montaña   El mar   La playa

3 *Muy* y *mucho.*

  a. Verbo + **MUY** (invariable) + adjetivo (*alto, delgada, inteligentes, simpáticas*).
      Verbo + **MUY** (invariable) + adverbio (*lejos, cerca, bien, mal, despacio*).

     – Mi conexión a Internet es ___*muy*___ rápida.
     – Las modelos son _____ delgadas.
     – Hablas _____ bien español.
     – Como _____ despacio.

  b. Verbo + **MUCHO** (invariable).
     – Desayuno *mucho* .
     – Pedro habla _____ .
     – Guillermina trabaja _____ .

  c. Verbo + **MUCHO** + sustantivo masculino singular.
      Verbo + **MUCHA** + sustantivo femenino singular.
     – Alfredo toma _____ café.
     – Los niños beben _____ leche.

  d. Verbo + **MUCHOS** + sustantivo masculino plural.
      Verbo + **MUCHAS** + sustantivo femenino plural.
     – Ángela lee _____ libros de historia.
     – María tiene _____ amigas.

4 **Presentes irregulares.**

Irregularidad vocálica.
Estos verbos son irregulares en todas las personas excepto en
nosotros/as y *vosotros/as*.

a Cambio vocálico o > ue.

	RECORD-AR	VOLV-ER	DORM-IR
Yo	rec**ue**rd-o	v**ue**lv-o	d**ue**rm-o
Tú	rec**ue**rd-as	v**ue**lv-es	d**ue**rm-es
Usted Él / Ella	rec**ue**rd-a	v**ue**lv-e	d**ue**rm-e
Nosotros/as	record-amos	volv-emos	dorm-imos
Vosotros/as	record-áis	volv-éis	dorm-ís
Ustedes Ellos / Ellas	rec**ue**rd-an	v**ue**lv-en	d**ue**rm-en

No **recuerdo** su nombre.
Marta **vuelve** de Barcelona en el
tren de las siete.
Duermo ocho horas.

Otros verbos que funcionan igual.

Encontrar No **encuentro** mis gafas.
Costar Un paraguas **cuesta** 20 euros.
Soñar ¡**Sueño** con unas vacaciones!
Contar Ya sé **contar** hasta 50 en español.
Soler Los domingos **solemos** ir al campo.
Poder Esta noche no **puedo** salir.
Morir Muchos animales **mueren** por el calor.

Y ahora tú. Conjuga *soñar y poder.*

Soñar _____ _____ _____ _____ _____

Poder _____ _____ _____ _____ _____

b u > ue.

	JUG-AR
Yo	j**ue**g-o
Tú	j**ue**g-as
Usted Él / Ella	j**ue**g-a
Nosotros/as	jug-amos
Vosotros/as	jug-áis
Ustedes Ellos / Ellas	j**ue**g-an

● ¿Qué tal **juegas** a las cartas?
▼ **Juego** muy mal.

c e > ie.

	EMPEZ-AR	QUER-ER	PREFER-IR
Yo	emp**ie**z-o	qu**ie**r-o	pref**ie**r-o
Tú	emp**ie**z-as	qu**ie**r-es	pref**ie**r-es
Usted Él / Ella	emp**ie**z-a	qu**ie**r-e	pref**ie**r-e
Nosotros/as	empez-amos	quer-emos	prefer-imos
Vosotros/as	empez-áis	quer-éis	prefer-ís
Ustedes Ellos / Ellas	emp**ie**z-an	qu**ie**r-en	prefer**ie**r-en

Las clases **empiezan** a las 9:00 *(nueve).*
Quiero *tener un día libre.*
Soledad ***prefiere*** *ir al campo que a la playa.*

Otros verbos que funcionan igual.

Cerrar   *Los bancos* ***cierran*** *a las 14:30.*
Pensar   ***Pienso*** *mucho en mi novio.*
Entender   *No* ***entiendo*** *el problema.*
Encender   ***Enciendo*** *la luz porque veo mal.*

Y ahora tú. Conjuga *pensar, entender* y *cerrar*.

Pensar   _____ _____ _____ _____
Entender   _____ _____ _____ _____
Cerrar   _____ _____ _____ _____

d e > i.

	PED-IR	CONSEGU-IR	ELEG-IR
Yo	p**i**d-o	cons**i**g-o	el**i**j-o
Tú	p**i**d-es	_____	el**i**g-es
Usted Él / Ella	_____	_____	el**i**g-e
Nosotros/as	_____	_____	eleg-imos
Vosotros/as	_____	_____	eleg-ís
Ustedes Ellos / Ellas	_____	_____	el**i**g-en

Otros verbos que funcionan igual.

Repetir   • *Perdón, ¿puede* ***repetir****?*
              ▼ *Sí, por supuesto.*
Servir   • *¿Para qué* ***sirve*** *esto?*
              ▼ *Para sacar los corchos. Es un sacacorchos.*
Sonreír   • *Tu hija* ***sonríe*** *mucho.*
              ▼ *Sí, es muy simpática.*

Completa la conjugación de *pedir* y *conseguir*. sub

• *¿Tú* ***repites*** *para aprender?*
▼ *Sí, claro.*

(En un restaurante)
• *¿****Elijo*** *yo la comida?*
▼ *Sí, que tú la conoces mejor.*

(En un bar)
• *¿****Pido*** *café para todos?*
▼ *No, yo quiero un té.*

Y ahora tú. Conjuga *servir* y *repetir*.

Servir   _____ _____ _____
Repetir   _____ _____ _____

e ui > uy.

	CONSTRU-IR	SUSTITU-IR
Yo	construy-o	_____
Tú	construy-es	_____
Usted / Él / Ella	construy-e	_____
Nosotros/as	constru-imos	_____
Vosotros/as	constru-ís	_____
Ustedes / Ellos / Ellas	constru-yen	_____

Los ingenieros **construyen** *autovías y autopistas.*
Isabel **sustituye** *a Marta esta semana.*

Y ahora tú. Conjuga *sustituir.*

5 **El verbo** *poder.* 🔊³⁸

Pedir, dar o no dar permiso:

- ¿**Puedo** *fumar aquí?*
- ▼ *Sí, por supuesto.*
- ◆ *Lo siento, está prohibido.*

- ¿**Podemos** *abrir la ventana?*
- ▼ *Sí, por supuesto.*
- ◆ *No, hace mucho frío.*

Pedir un favor:

- ¿**Puedes** *hablar un poco más alto, por favor?*
- ¿**Puede** *repetir, por favor?*
- ¿**Podéis** *hablar un poco más bajo, por favor?*
- ¿**Pueden** *ustedes cerrar la puerta?*

3. Practicamos los contenidos

1 **Relaciona.**

Enero   Diciembre   Agosto

Noviembre   Julio

Mayo

1   2   3   4   5   6

2 Completa con *muy* o *mucho*.

1 ● ¿Es alto el novio de Cristina?
   ▼ Sí, es ___muy___ alto. Juega al baloncesto.
2 ● ¿Qué tal este libro?
   ▼ Es _____ interesante.
3 ● ¿Cuántas horas duermes?
   ▼ De lunes a viernes duermo seis horas, pero los sábados y domingos duermo _____.
4 ● Manolo tiene _____ dinero.
   ▼ Sí, pero es que trabaja _____.
5 ● Este ejercicio no es _____ difícil.
   ▼ Porque tú estudias _____.
6 ● Marisa está _____ delgada.
   ▼ Es que come _____ poco.
7 ● Tengo _____ calor.
   ▼ Ahora mismo abro la ventana.
8 ● ¿Compro pan?
   ▼ No, hay _____.
9 ● Tengo _____ sueño. Me voy a la cama.
   ▼ Hasta mañana.
10 ● El coche de Marcela es _____ bueno.
   ▼ Sí, pero es _____ caro.

3 Completa con el presente.

1 ● Yo no (poner) ___pongo___ nunca la mesa.
   ▼ Yo, siempre.
2 ● Marta (sonreír) _____ siempre mucho.
   ▼ Sí, es muy agradable y simpática.
3 ● El gato (seguir) _____ siempre a María.
   ▼ ¿Por qué?
   ● No (tener, yo) _____ ni idea.
4 ● Antonio (pedir) _____ mucho dinero a sus padres.
   ▼ ¿Para qué?
   ● Para comprar libros. Le encanta leer.
5 ● ¿Quién (sustituir) _____ hoy a Lucía?
   ▼ La profesora nueva.
6 ● Yo (decir) _____ siempre la verdad.
   ▼ ¿Siempre?
   ● Bueno... casi siempre.
7 ● ¿Quiénes (construir) _____ los puentes y las autopistas?
   ▼ Los ingenieros.
8 ● Yo (conducir) _____ desde los 18 años.
   ▼ Yo, desde los 21.
9 ● Yo nunca (traer) _____ el diccionario a clase.
   ▼ Pues yo, sí.
10 ● ¿Qué números (elegir, nosotros) _____ para la Primitiva*?
   ▼ A ver..., el 13, el 23, el 26, el 35, el 46 y el 49.
   ● No, el 13 no. Mejor el 17.

*** Lotería Primitiva:** se juega en España los jueves y sábados.*

4 Completa con el presente.

1 ● No (encontrar, yo) ___encuentro___ mis gafas.
   ▼ Están en la mesa, junto a las revistas.
2 ● ¿Cuánto (costar) _____ este bolso?
   ▼ 50 euros.
3 ● ¿Cuántas horas (dormir, tú) _____ normalmente?
   ▼ Depende, siete horas más o menos.
4 ● ¿Cuándo (volver, vosotros) _____ del viaje?
   ▼ El 31 de agosto.
5 ● ¿De quién es el *Guernica*?
   ▼ Ahora no (recordar, yo) _____. ¡Ah, sí! De Picasso.
6 ● ¿Cuándo (jugar) _____ la Selección Nacional de fútbol?
   ▼ Creo que el jueves.
7 ● Nunca (encontrar, tú) _____ tus llaves.
   ▼ Es verdad, es que soy muy despistado.
8 ● Todos los días (soñar, yo) _____ que estoy en una casa vieja.
   ▼ Pues yo nunca (recordar) _____ mis sueños.
9 ● ¿Vienes a la playa?
   ▼ No, yo no (soler) _____ tomar el sol.
10 ● Muchos animales (morir) _____ de frío.
   ▼ Y de calor, también.

5 Completa con la forma de presente.

1 ● ¿A qué hora (empezar) ___empiezan___ las clases?
   ▼ A las nueve en punto.
   (En un bar)
2 ● ¿Qué (querer, usted) _____ tomar?
   ▼ Un zumo de naranja.
3 ● ¿Qué tipo de música (preferir, ustedes) _____?
   ▼ El jazz.
4 ● ¿A qué hora (volver) _____ María José de Valladolid?
   ▼ (Creer, yo) _____ que a las cuatro de la tarde.
5 ● ¿El precio del viaje (incluir) _____ las tasas de aeropuerto?
   ▼ Creo que no.
6 ● ¿Qué (soler, vosotros) _____ hacer los fines de semana?
   ▼ Dormimos mucho, hacemos deporte y vamos al cine.
7 ● ¿(Poder, tú) _____ salir esta noche?
   ▼ No, lo (sentir, yo) _____ mucho.
8 ● ¿En qué (pensar tú) _____?
   ▼ En que mañana es sábado y no trabajo.
9 ● ¿(Empezar, usted) _____ con las preguntas?
   ▼ De acuerdo, sin problemas.
10 ● ¿(Entender, tú) _____?
   ▼ ¿(Poder, tú) _____ repetir, por favor?

6 Ordena.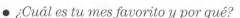

1 tiene / Esta / empleados / empresa / muchos
Esta empresa tiene muchos empleados.

2 del / incluye / traslado / hotel / al / el / precio / no / viaje / El
_____

3 vamos / cine / miércoles / los / al / Todos
_____

4 salen / y / 9 / Ramón / casa / Lola / su / a / de / las
_____

5 al / señor García / No / conozco
_____

6 sé / tema / de / Yo / nada / no / este
_____

7 mucho / casa / dinero / vale / Esta
_____

8 hermano / pasear / Mi / suele / por / la / playa
_____

9 mi / es / Aurelio Pérez / marido / el / de / compañera
_____

10 su / No / apellido / recuerdo
_____

7 En parejas, pide permiso y pide favores. Acepta y rechaza.

Permiso
– Ir a los servicios.
● *¿**Puedo ir** a los servicios?*
▼ *Claro que sí.*

– Salir 10 minutos antes de clase.
– Beber té en la clase.
– Hablar sobre un tema.
– Aparcar aquí.

Favor o un servicio
– Poner la mesa
● *¿**Puedes poner** la mesa?*
▼ *No, lo siento, no tengo tiempo.*

– Hablar más despacio.
– Abrir la ventana.
– Apagar la tele.
– Encender la luz.

4. De todo un poco

1 En parejas: pregunta a tu compañero/a cuál es su mes favorito y por qué; y cuál es su fiesta favorita y por qué.

● *¿Cuál es tu mes favorito y por qué?*
▼ *Julio, porque estoy de vacaciones y viajo a diferentes países.*

● *¿Cuál es tu fiesta favorita y por qué?*
▼ *Navidad, porque voy a esquiar y cenamos todos los amigos en un hostal.*

Pregunta lo mismo a tu profesor/a.

2 Pregunta a tu compañero/a. Puedes contestar con humor.

1 ¿Estudias o trabajas?
2 ¿A qué juegas?
3 ¿Dónde almuerzas normalmente?
4 ¿Con qué sueñas?
5 ¿Pierdes mucho el tiempo?
6 ¿Sueles llegar tarde?
7 ¿Eres simpático/a o antipático/a?
8 ¿Qué haces los fines de semana?
9 ¿Qué piensas de la situación política de tu país?
10 ¿Cómo pides permiso en español?

3 En parejas. Pregunta y contesta.

¿CUÁNDO?	¿QUÉ?	¿A QUÉ HORA?	¿DÓNDE?
1 diciembre	Conferencia	18:00 horas	Facultad de Derecho
● ¿Cuándo y dónde hay una conferencia? ▼ El 1 de diciembre a las 18:00 en la Facultad de Derecho.			
1-6 diciembre	Exposición: «La mirada del 98»	10:00 a 21:00 horas	Palacio episcopal
1-9 diciembre	Exposición de Arte Azul	11:00 a 17:00 horas	Ayuntamiento de Málaga
1-3 diciembre	Teatro: *Entre bobos anda el juego*	21:00 horas	Teatro Alameda
3 diciembre	Concierto	21:00 horas	Teatro Cervantes
4 diciembre	Concierto	22:30 horas	Koncierto Sentido
4-5 diciembre	Teatro: *Bodas de Sangre*	21:00 horas	Teatro Cervantes
5 diciembre	Concierto	22:30 horas	Koncierto Sentido
5 diciembre	Concierto en solidaridad con Centroamérica	21:00 horas	Auditorio de Torremolinos
7 diciembre	Concierto	21:00 horas	Teatro Cervantes
11 diciembre	Concierto de la Orquesta Ciudad de Málaga	21:00 horas	Teatro Cervantes
15 diciembre	Concierto	21:00 horas	Teatro Cervantes
9 diciembre	Concierto de la Orquesta Ciudad de Málaga	21:00 horas	Teatro Cervantes
30 diciembre	Concierto de la Orquesta Ciudad de Málaga	21:00 horas	Teatro Cervantes

4 Escucha la grabación y escribe el mes del que hablan y el nombre de la fiesta.

1 Mes _____   Nombre de la fiesta _____
2 Mes _____   Nombre de la fiesta _____
3 Mes _____   Nombre de la fiesta _____

5 Describe una de las fotografías de la actividad 1 de PRACTICAMOS LOS CONTENIDOS de esta unidad. Tu compañero/a dice cuál es.

Si prefieres, lleva a clase una foto y descríbesela a tu compañero/a. Tiene que dibujarla.

En esta foto hay nubes en el cielo, montañas... Estamos en... porque...

6 Lee este texto y contesta a las preguntas.

La Navidad en España

La Navidad española empieza el día 22 de diciembre con la famosa lotería. Todos sueñan con ganar el premio gordo*. En Nochebuena (24 de diciembre) o en Navidad (25 de diciembre), la familia española come junta y canta villancicos*. Los platos más característicos son el pavo o el besugo. Los postres son muy variados.

En Nochevieja (31 de diciembre), los españoles se reúnen con la familia o con amigos para despedir el año, tomando las doce uvas de la suerte. Después, la fiesta continúa toda la noche.

El 5 de enero los niños españoles ven la cabalgata* por las calles o por televisión, dejan sus zapatos junto a la ventana, se acuestan pronto y esperan al día siguiente.

El día 6 ven los regalos de los Reyes Magos y juegan todo el día.

Si en tu país se celebra la Navidad, contesta:
1 ¿Es la fiesta de Navidad igual en tu país?
2 Explica qué es diferente.
3 ¿Qué día se celebra especialmente?
4 ¿Qué hacéis en fin de año?
5 ¿Quién trae los regalos?

Si en tu país no se celebra la Navidad:
1 Explica cómo se llama, qué se hace y cómo se celebra la fiesta más importante.

* El premio gordo: el premio más importante.
* Villancicos: canciones de Navidad.
* Cabalgata: procesión con los Reyes Magos.

7 Escribe tres textos breves sobre las tres fiestas más importantes de tu país.
Toma como modelo las fiestas que aparecen en DE TODO UN POCO,
actividad 4 y el texto de *La Navidad en España*.

_____   _____   _____
_____   _____   _____
_____   _____   _____
_____   _____   _____
_____   _____   _____
_____   _____   _____

8 Escribe esta postal a tu amigo/a imaginario/a.

República Dominicana, 15 de enero

Querido/a _____
Estoy en Playa Bávaro

Un día normal en la vida de...

1. Pretexto

1 Vamos a jugar un poco. Mira estas fotos. ¿Qué hacen? ¿Cómo se dice en tu idioma?

2 Escucha y escribe con lápiz los verbos debajo de la foto correcta.

> depilarse • secarse • despertarse • maquillarse • vestirse o ponerse la ropa
> peinarse • afeitarse • levantarse • ducharse • bañarse • lavarse los dientes

3 Después de corregir, compara con tus compañeros/as y explícales qué acciones haces y cuáles no y por qué.

2. Contenidos

1 **Verbos reflexivos.**

a **El sujeto hace la acción y recibe el resultado.**

*Si yo **me cepillo** los dientes, mis dientes están limpios.*

> depilarse ● lavarse ● maquillarse ● vestirse o ponerse la ropa
> secarse ● afeitarse ● ducharse ● bañarse ● peinarse ● cepillarse

b **Construcciones reflexivas.**

Son aquellas en las que coinciden en la misma persona el sujeto (*yo*),
el pronombre (*me*) y el verbo (*marcho*):

(Yo) me voy; (Tú) te sientas; etc.

march-ar-se o ir-se

sent-ar-se

divert-ir-se

aburr-ir-se

re-ír-se

acost-ar-se
despert-ar-se
levant-ar-se

dorm-ir-se

● *¿A qué hora **te levantas**
 normalmente?*
◆ *Muy temprano.*
 *(**Me levanto**) A las 06:00.*

● *¿**Te maquillas** antes de salir?*
◆ *¡Qué va!*, no tengo tiempo.*

> ***¡Qué va!** = no; todo lo contrario.

> **Observa:**
> dormir = proceso
> dormirse = empezar a dormir

Subraya los verbos que se refieren a acciones que haces todos
los días. Pregunta a tu compañero/a si hace las mismas acciones. *sub.*

c **Otros verbos reflexivos:**

Encontrarse (O>UE) = Sentirse (E>IE) (= estar)

● *Hola, Santiago, ¿cómo estás?*
◆ *No sé... no **me encuentro** bien, **me siento** regular, creo que tengo fiebre.*

2 **a** **Presente de los verbos reflexivos regulares.**

		LAV-AR-SE			PEIN-AR-SE
Yo	ME	lav-o	Yo	ME	pein-o
Tú	TE	lav-as	Tú	TE	pein-as
Usted	SE	lav-a			_____
Él / Ella					_____
Nosotros/as	NOS	lav-amos			_____
Vosotros/as	OS	lav-áis			_____
Ustedes	SE	lav-an			_____
Ellos / Ellas					

Lee *lavarse* y completa *peinarse*. *com.*

b Presente de los verbos reflexivos irregulares.
Lee y completa *sentarse, sentirse, divertirse* y *dormirse*.
Recuerda que ya sabes conjugar los verbos irregulares.

		DESPERT-AR-SE (E>IE)	VEST-IR-SE (E>I)	IR-SE	ACOST-AR-SE (O>UE)
Yo	ME	desp**ie**rt-o	v**i**st-o	v-oy	ac**ue**st-o
Tú	TE	desp**ie**rt-as	v**i**st-es	v-as	ac**ue**st-as
Usted Él / Ella	SE	desp**ie**rt-a	v**i**st-e	v-a	ac**ue**st-a
Nosotros/as	NOS	despert-amos	vest-imos	v-amos	acost-amos
Vosotros/as	OS	despert-áis	vest-ís	v-ais	acost-áis
Ustedes Ellos / Ellas	SE	desp**ie**rt-an	v**i**st-en	v-an	ac**ue**st-an

		SENT-AR-SE (E>IE)	SENT-IR-SE (E>IE)	DIVERT-IR-SE (E>IE)	DORM-IR-SE (O>UE)
Yo	ME	s**ie**nt-o	s**ie**nt-o	div**ie**rt-o	d**ue**rm-o
Tú	TE	s**ie**nt-as	s**ie**nt-es	div**ie**rt-es	_____
Usted Él / Ella	SE	s**ie**nt-a	s**ie**nt-e	_____	_____
Nosotros/as	NOS	sent-amos	sent-imos	_____	_____
Vosotros/as	OS	_____	_____	_____	_____
Ustedes Ellos / Ellas	SE	_____	_____	_____	_____

- ¿*Cuántas horas* **duermes** *normalmente?*
- ◆ **Duermo** *siete horas.*
- ¿*A qué hora* **te duermes**?
- ◆ **Me acuesto** *sobre las 23:00 (once) y* **me duermo**
  media hora más tarde más o menos.

3 El aseo diario.
Lee, escucha y completa con el artículo.

_____ cepillo
de dientes

_____ toalla

_____ secador

_____ cepillo
de pelo

_____ jabón

_____ gel de baño

_____ champú

_____ cuchilla de
afeitar

_____ peine

_____ cortaúñas

_____ pasta de
dientes o dentífrico

4 **La ropa.**
Pon el artículo delante de las palabras.

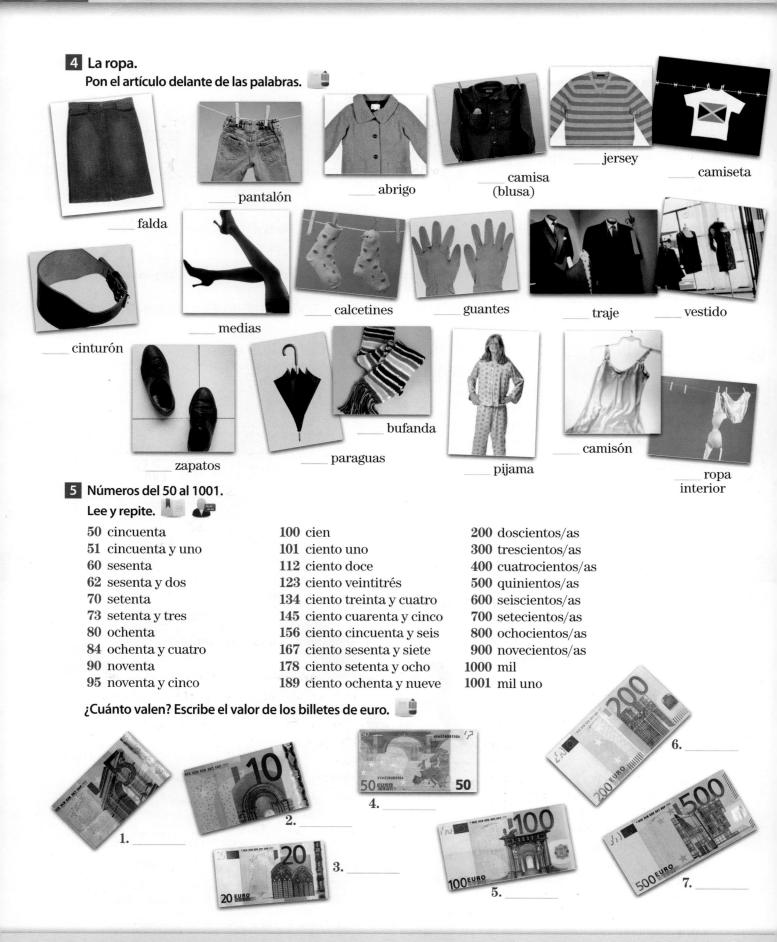

_____ falda

_____ pantalón

_____ abrigo

_____ camisa (blusa)

_____ jersey

_____ camiseta

_____ cinturón

_____ medias

_____ calcetines

_____ guantes

_____ traje

_____ vestido

_____ zapatos

_____ paraguas

_____ bufanda

_____ pijama

_____ camisón

_____ ropa interior

5 **Números del 50 al 1001.**
Lee y repite.

50 cincuenta	100 cien	200 doscientos/as
51 cincuenta y uno	101 ciento uno	300 trescientos/as
60 sesenta	112 ciento doce	400 cuatrocientos/as
62 sesenta y dos	123 ciento veintitrés	500 quinientos/as
70 setenta	134 ciento treinta y cuatro	600 seiscientos/as
73 setenta y tres	145 ciento cuarenta y cinco	700 setecientos/as
80 ochenta	156 ciento cincuenta y seis	800 ochocientos/as
84 ochenta y cuatro	167 ciento sesenta y siete	900 novecientos/as
90 noventa	178 ciento setenta y ocho	1000 mil
95 noventa y cinco	189 ciento ochenta y nueve	1001 mil uno

¿Cuánto valen? Escribe el valor de los billetes de euro.

1. _____

2. _____

3. _____

4. _____

5. _____

6. _____

7. _____

6 Demostrativos.

AQUÍ	AHÍ	ALLÍ
Este	Ese	Aquel
Esta	Esa	Aquella
Estos	Esos	Aquellos
Estas	Esas	Aquellas

- ¿De quién son **estas** revistas?
- ▼ Creo que son de Germán.

- ¿Quién es **aquella** mujer?
- ▼ Es la dueña del bar Chao.

- **Ese** hombre de ahí, ¿no es Mauricio?
- ▼ No, Mauricio es más joven.

Este hombre / **Esta** mujer / **Estos** libros / **Estas** revistas

Ese hombre / **Esa** mujer / **Esos** libros / **Esas** revistas

Aquel hombre / **Aquella** mujer / **Aquellos** libros / **Aquellas** revistas

7 Expresar coincidencia y divergencia.

Coincidencia

Desayuno mucho.	=	Yo también.
Me levanto a las 08:00.	=	Yo también.
No sé hablar chino.	=	Yo tampoco.
No me siento bien.	=	Yo tampoco.

Divergencia

No sé hablar italiano.	≠	Yo sí.
No me aburro nunca.	≠	Yo sí.
Tomo té.	≠	Yo no.
Hablo cuatro idiomas.	≠	Yo no.

3. Practicamos los contenidos

1 Completa con el presente de los verbos reflexivos. Recuerda que como el pronombre reflexivo va primero.

1 ● ¿(Afeitarse, tú) *Te afeitas* todos los días?
▼ No, porque tengo la piel muy sensible. (Afeitarse, yo) Me afeito dos veces a la semana.

2 ● ¿A qué hora (acostarse, tú) acostas ?
▼ A las 23:00 más o menos.

3 ● ¿Cómo (llamarse, ella) llamas tu novia?
▼ Beatriz, pero no es mi novia, es una amiga.

4 ● ¿Por qué (depilarse, él) depila se Julián?
▼ Porque es ciclista, creo.

5 ● Bueno y ¿cómo (sentirse, ustedes) se sienten en España?
▼ Muy bien, pero la verdad es que nos acordamos mucho de nuestro país.

6 ● ¿Quieres el secador?
▼ No, gracias, solo (secarse, yo) me seco el pelo con la toalla, dicen que es mejor.

7 ● ¿A qué hora (despertarse, nosotros) nos despertamos para la excursión?
▼ A ver... es a las nueve, pues a las ocho menos cuarto.

8 ● Hoy no (ducharse, vosotros) ducháis ; no hay agua.
▼ Jo, ¿otra vez? me os?

9 ● (Bañarse, yo) Baño en la piscina todas las noches.
▼ ¡Qué lujo, chica!

10 ● ¿Vienes?
▼ Sí, (lavarse, yo) me lavo las manos y voy contigo*.

11 ● ¿Cómo (sentirse, usted), sintis señor Carrión?
▼ Gracias, (encontrarse, yo) encontro me bastante bien.

ATENCIÓN

Con + yo > **conmigo**   Con + tú > **contigo**

Pero: con él / con ella / con usted / con nosotros / con nosotras / con vosotros / con vosotras / con ustedes / con ellos / con ellas.

2 Relaciona y haz frases.

Cepillarse los dientes con pasta de dientes. > *Me cepillo los dientes con pasta tres veces al día.*

Lavarse — To wash
Secarse — To dry
Bañarse — To bathe
Ducharse — To shower
Secarse el pelo — Dry hair
Afeitarse — shave
Depilarse — pluck
Peinarse — comb
Cepillarse los dientes
Lavarse el pelo — wash hair

con una cuchilla — with a blade
con pinzas — tweezers
con jabón — soap
con champú — shampoo
con pasta (de dientes)
con una toalla — towel
con gel de baño — shower gel
con secador — dryer
con un cepillo — a brush

todos los días — everyday
una vez al mes — once a month
tres veces al día — 3x a day
todas las noches — every night

3 Completa con el pronombre reflexivo si es necesario.

1 ● ¿*Os* sentáis? Vuelvo en un momento.
▼ De acuerdo.
2 ● ¿No *te* aburres con el ordenador?
▼ No, porque *me* tengo muchos juegos y puedo chatear con mis amigos. No, la verdad, no ____ aburro.
3 ● ¿*Os* marcháis ya?
▼ Sí, *nos* tenemos prisa.
4 ● Esta máquina *se* traduce automáticamente.
▼ Sí, pero las traducciones no son muy buenas.
5 ● Los niños *se* construyen castillos en la playa.
▼ Y tú *te* construyes castillos en el aire*.
6 ● ¿*te* tienes tiempo para tomar un café?
▼ Sí, claro. Encantado.
7 ● ¿*nos* acostamos? Es tarde.
▼ Yo no *me* puedo. Todavía *me* tengo trabajo.
8 ● ¿Cómo *te* sientes hoy?
▼ *me* encuentro mucho mejor, gracias.
9 ● ¿Cuándo *se* despierta Elena?
▼ No sé, abuela, normalmente *se* duerme a las tres y *se* despierta a las seis o seis y media para tomar la papilla.
10 ● ¿*te* maquillas normalmente?
▼ Solo cuando *me* salgo por la noche.

* *Castillos en el aire:* fantasías.

4 Completa con las palabras del recuadro.

zapatos ● paraguas ● guantes ● corbata
camisas ● camiseta ● medias ● traje ● vestido
pantalones ● faldas ● pijama

1 Para trabajar, Enrique tiene que llevar *traje* y _____.
2 La Selección española de fútbol lleva una _____ roja.
3 Tengo muy pocas _____ porque siempre voy en moto.
4 Creo que está lloviendo. Voy a llevar el _____.
5 Mickey Mouse lleva siempre unos _____ blancos y su novia un _____ blanco y rojo.
6 Me encanta andar por mi casa sin _____.
7 Fran nunca lleva _____ de cuadros.
8 Los domingos desayuno en _____.
9 Quiero comprarme unos _____ vaqueros en las rebajas.
10 No comprendo cómo puedes usar _____ en verano.

Observa.

En una tienda de ropa el/la vendedor/a pregunta: ● *¿Qué talla tiene?*   ● **¿Qué talla tienes tú?**
Y el/la cliente contesta: ▼ *La 40.*   ▼ _____

En una zapatería el/la vendedor/a pregunta: ● *¿Qué número tiene?*   ● **¿Qué número tienes tú?**
Y el /la cliente contesta: ▼ *El 38.*   ▼ _____

5 Completa con el demostrativo adecuado.

_____ niños son los hijos de mi hermano.

¡Qué guapos!

1.

_____ sofá es muy cómodo.

Yo prefiero _____ otro.

2.

¿No son incómodos _____ pantalones?

No abuelo, _____ pantalones son muy cómodos.

3.

¿_____ flores son orquídeas?

Sí, son orquídeas verdes.

4.

¿De quién son _____ gafas?

Creo que son de Sandra.

5.

¿Quién es _____ chico que va con Lidia?

Es un compañero de clase.

6.

6 Escribe los números que oyes.)) 43

1 En este autocar caben *65* pasajeros.
2 La entrada para el concierto cuesta _____ euros.
3 En esta escuela hay _____ estudiantes.
4 El abuelo de Mercedes tiene _____ años.
5 Mi hermano mide _____ metro _____.
6 De Málaga a Madrid hay _____ kilómetros aproximadamente.
7 Córdoba (España) está a _____ metros sobre el nivel del mar.
8 Córdoba (Ecuador) está a _____ metros sobre el nivel del mar.
9 Isabel pesa _____ kilos.
10 Este libro tiene _____ páginas.

7 Habla con tu compañero y expresa coincidencia o divergencia.

● *Me levanto a las 7:00.*
▼ *Yo no.*

● *Estudio con música.*
▼ *Yo también.*

• Acostarse con pijama.
• Tener dos amigas coreanas.
• Pasar las vacaciones en la playa.
• Nadar una hora todos los días.
• Tocar la flauta.
• Hablar tres lenguas.
• Maquillarse todos los días.

4. De todo un poco

1 En parejas.

Diferentes personas españolas van a hacer cosas distintas esta noche. Tenéis que elegir la ropa, el calzado, etc., que va a llevar cada una de ellas.

- Esta noche Marta Solórzano Eugui (37 años) va a una fiesta en la Embajada Española en Buenos Aires.
- Esta noche Ernesto Allende Lago (48 años) va a pescar en una barca.
- Esta noche Ramón Altolaguirre Usandizaga (52 años) va a una cena en un hotel de cinco estrellas de Lima.
- Esta noche Rosa Andreu Palau (5 años) va a acostarse temprano.

Ahora tú. Pregunta a tu compañero/a cómo se viste:

- Un jardinero para ir a trabajar.
- Una abogada para una reunión de trabajo.
- Un policía para su trabajo.
- Una chica de 16 años para ir al cine.
- Un chico de 25 años para ir a una discoteca el viernes por la noche.

> un bolso pequeño
> una camisa de seda
> unas botas de goma
> un traje azul marino
> unos zapatos de tacón
> un pijama
> un jersey viejo de lana
> unos calcetines finos negros
> unos pantalones vaqueros viejos
> unos zapatos negros
> una corbata azul con rayas amarillas
> unos calcetines de lana
> un vestido largo de seda
> un cinturón de piel

2 ¿Eres consumista?

Lee estos textos.

«Soy cuidadoso en mi forma de vestir, pero no gasto mucho en ropa.»

«Gasto mucho en cosmética. Solo compro primeras marcas.»

«Gasto mucho en zapatos especialmente de tacón muy alto.»

«Yo no compro marcas, gasto muy poco en ropa.»

«Tengo 8 pares de zapatos, 4 de botas y 6 de deportivas. Creo que gasto demasiado.»

«Gasto mucho en ropa, siempre quiero estar a la moda.»

«Solo compro en tiendas de segunda mano o en las tiendas de 'comercio justo'*. Gasto lo imprescindible; soy anticonsumista.»

* *El comercio justo es una forma alternativa de comercio que promueve una relación comercial voluntaria y justa entre productores y consumidores.*

What is being a consumer

Contesta: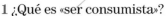

1 ¿Qué es «ser consumista»?
2 ¿Conoces el comercio justo? — *Do you know fair trade?*
3 ¿Compras normalmente en las tiendas de comercio justo? — *Do you normally buy from fair trade stores*
4 ¿Conoces a alguien muy consumista? ¿De qué lo conoces o qué consume?

Do you know someone who is a consumer? What do you know or consume?

Comercio justo

consumo con sentido

Por un consumo responsable y de calidad.

www.comerciojusto.org

Coordinadora Estatal de Comercio Justo

3 Escucha y completa.

El _____ % de los españoles es feliz en sus vacaciones. Esta es la conclusión de un informe sobre la felicidad basado en entrevistas personales.
Según este estudio, los jóvenes entre _____ y _____ años son los que están más satisfechos y felices (_____ %). Este porcentaje disminuye entre las personas de más edad. El _____ % de los españoles pasa sus vacaciones con la familia; un _____ % con la pareja, un _____ % con amigos y un _____ % en solitario.

4 Escucha, completa con los números que oyes y contesta a las preguntas.

MODA INTERNACIONAL

Inditex abre su tienda número ____

Tokio, 21/09/2008

Zara abre en Tokio su tienda número ____. Zara está en una de las zonas más comerciales de la ciudad. Inditex tiene ya ____ tiendas en este país y espera tener ____ antes de final de año. Inditex es uno de los grupos de moda más importantes del mundo (Zara, Pull & Bear, Massimo Dutti, Bershka, Stradivarius, Oysho, Zara Home, Uterqüe). Hay tiendas en ____ países de Europa, América, Asia y África.

Inditex en el mundo	
Zara	____
Pull and Bear	555
Massimo Dutti	454
Bershka	____
Stradivarius	430
Oysho	348
Zara Home	233
Uterqüe	____
TOTAL	____

Contesta:

1 ¿Cuántas tiendas tiene Inditex en Japón?
2 ¿En cuántos países del mundo tiene tiendas Inditex?
3 ¿En cuantos continentes?
4 ¿Cuántas marcas tiene el grupo Inditex?

5 En parejas. Completa con el vocabulario y contesta.

entrar ● cepillo ● cerrados ● ventana ● afeitarse ● usar

LA HIGIENE EN EL BAÑO

Instrucciones:

• Limpiar el lavabo o la ducha después de peinarse, ____ o depilarse.
• Tirar de la cadena después de ____ el inodoro.
• Dejar abierta la ____ si hay.
• Lavarse siempre las manos antes y después de ____ al cuarto de baño.
• Quitar los pelos del ____ después de cada uso.
• Dejar los envases bien ____.

¿Te parecen unas buenas normas?
¿Puedes escribir una o dos más?

6 Un día en la vida de una profesora de ELE, Victoria Moreno Rico.
Lee y escucha la entrevista.

SGEL:
Buenos días, Victoria. Queremos saber cómo es un día normal de tu vida.

VICTORIA:
Me despierto muy temprano, sobre las seis, pero no me levanto hasta las seis y media. Me ducho y me preparo un buen desayuno: zumo de naranja, café con leche, un bocadillo de tomate con aceite y queso fresco. Después organizo un poco la comida. Me visto, nunca me maquillo porque no tengo tiempo, me peino, despierto a mis dos hijos y me marcho. Normalmente salgo de casa a las ocho menos cuarto. ¡Ah! Y nunca olvido coger fruta para la pausa entre las clases.

¿Vives lejos de tu centro de trabajo?
A cuatro kilómetros. Voy siempre andando, tardo 40 minutos.

¡Qué bien! Así estás en forma, claro.
Sí, es estupendo llegar al trabajo a pie, así no tengo problemas de aparcamiento.

¿Cuántas clases das cada día?
Doy cinco. Las clases son de 50 minutos que pasan muy rápidos. Nunca me aburro.

¿Nunca?
De verdad, nunca, nunca. Me divierto y me río con frecuencia.

¿Das las clases sentada?
No. Me levanto y me siento continuamente. Es bueno para la salud, lo dicen los médicos.

Entonces, ¿terminas las clases a las dos?
Sí. Vuelvo a mi casa en autobús. Llego a casa a las tres menos veinte y como con uno de mis hijos. No podemos comer todos juntos porque tenemos diferentes horarios.
Luego veo las noticias, leo el periódico y corrijo los deberes de los estudiantes. Después estudio.

¿Estudias?
Sí, para mí es muy importante avanzar. Quiero aprender siempre.

Bueno, ¿y cómo termina tu día?
Cenamos juntos mis hijos y yo, pero poco. Nunca comemos mucho por la noche; charlamos un rato y me acuesto sobre las once, pero no me duermo inmediatamente.

Pues muchísimas gracias, Victoria.
A vosotros. Adiós.

Lee de nuevo el texto y subraya los verbos que llevan
delante el pronombre *me*.

Contesta a estas preguntas.

Según Victoria:
1 ¿Es bueno andar para estar en forma?
2 ¿Es fácil aparcar cerca de su trabajo?
3 ¿Disfruta la profesora con su trabajo?

Y ahora, habla.
1 ¿A qué hora te levantas?
2 ¿Desayunas, comes y cenas solo?
3 ¿A qué hora te acuestas?

7 Después de leer la entrevista, escribe un día normal de tu vida. Si prefieres, imagina que eres:

- un político/a importante
- un/a deportista famoso/a
- un/a artista muy conocido/a

... y escribe sobre un día normal de sus vidas.

8 Escribe.
Describe a estas personas:
cómo se llaman, qué ropa llevan, cuál crees que es su profesión, cuántos años tienen, dónde viven, cuál es su estado civil.

Se llama Ismael. Tiene 5 años. Es moreno. Va al colegio y lleva una camiseta roja y un pantalón azul. Vive en Valencia. Es un niño inteligente y tranquilo.

Repaso

1 Escucha y marca sí o no.

1 Se levanta a las seis. *No*   *No*
2 Se afeita todos los días.
3 Toma café.
4 Trabaja lejos de su casa.
5 Va en bicicleta al trabajo.
6 Come en casa a mediodía.
7 Trabaja hasta las ocho de la tarde.
8 Cena en su casa.
9 Se acuesta tarde.

5 Lee.

Madrid 17/11/09

Hola Marta:

¿Qué tal estás en Boston? ¿Sigues sin conexión a Internet? Me preguntas con quién vivo en Madrid..., pues vivo con una familia española. Es una familia un poco especial. Roberto es viudo y tiene dos hijos Teresa y Gonzalo. Teresa, tiene 26 años, vive de lunes a viernes en casa y el viernes por la tarde va a Burgos donde vive su novio. Gonzalo, de 24, trabaja en Toledo y viene todos los fines de semana a casa, a Madrid. Roberto, el padre, tiene un restaurante y siempre comemos allí. La madre de Roberto viene al restaurante algunas veces.

Estoy contenta. Creo que aprendo mucho español con ellos.

Me voy a clase.

Un beso. Chantal.

2 Pregunta a tu compañero/a.

1 A qué hora se levanta.
2 Qué desayuna y dónde.
3 Cómo va a la escuela.
4 Qué horario tiene.
5 Dónde come.
6 Dónde cena.
7 A qué hora se acuesta.

3 Cuenta con quién vives, dónde vives y qué haces en casa.

4 Describe una profesión. Tus compañeros/as tienen que saber cuál es.

Di si es verdadero o falso.

1 La mujer de Roberto no vive.	V	F
2 Los hijos siempre están juntos.	V	F
3 Gonzalo trabaja fuera de Madrid.	V	F
4 El novio de Teresa vive en Madrid.	V	F
5 Roberto ve a su madre algunas veces.	V	F

6 Escribe sobre el carnaval u otra fiesta en tu país.

7 Elige la respuesta correcta.

1 ● ¿_____ es tu dirección en Palma?
▼ General Riera nº 3, 1.º izquierda.
a. Dónde   **b.** Qué   **c.** Cuál

2 ● ¿Cómo se llama ese objeto que sirve para borrar?
▼ _____ ¿no?
a. Goma   **b.** Bolígrafo   **c.** Carpeta

3 ● ¿ _____ es la chica que está con Laura?
▼ Creo que es la novia de su hermano.
a. Qué   **b.** Cómo   **c.** Quién

4 ● Por favor, ¿dónde _____ la Avenida de las Américas?
▼ Creo que al final de la calle, a la izquierda.
a. es   **b.** está   **c.** hay

5 ● ¿Qué hora es?
▼ _____ la una y diez.
a. Son   **b.** Es

6 ● ¿_____ termina la película?
▼ A las 19:30.
a. Cuánto tiempo   **b.** A qué hora

7 ● ¿Quieres un té?
▼ No, gracias. No tengo _____.
a. hambre   **b.** sed

8 ● ¿Dónde _____ (vosotros)?
▼ En el centro, cerca de la Avenida de la Libertad.
a. vivéis   **b.** vivís

9 ● ¿Estudias en la _____ con frecuencia?
  ▼ Sí, voy todos los días.
  a. biblioteca   **b.** librería

10 ● ¿A qué hora _____ normalmente?
  ▼ A las once de la noche.
  a. te levantas   **b.** te acuestas

11 ● ¿Cómo vas a la universidad?
  ▼ Normalmente voy en coche, pero a veces voy _____.
  a. andando   **b.** autobús

12 ● ¿Vamos a pasear?
  ▼ Lo siento, pero no _____ bien, estoy cansada.
  a. me encuentro   **b.** me despierto

13 ● No como carne.
  ▼ _____.
  a. Yo también   **b.** Yo tampoco

14 ● ¿Cuántas horas _____ normalmente?
  ▼ Menos de ocho, casi siempre siete.
  a. te duermes   **b.** duermes

15 ● ¿Dónde está _____ cine Astoria?
  ▼ Al lado de la Plaza de Guipúzcoa.
  a. la   **b.** el

16 ● ¿_____ fumar aquí?
  ▼ Lo siento, está prohibido.
  a. Podemos   **b.** Puedes

17 ● ¿Dónde vives?
  ▼ _____ Salamanca.
  a. En   **b.** A

18 ¿Qué es para mí el hermano de mi padre?
  a. Mi tío   **b.** Mi primo

8 **Ortografía.**

  a. Completa con G o GU.
  • El ___ato está en el tejado.
  • La ___erra es terrible.
  • Los ___irasoles es uno de los cuadros más famosos de Vincent Van Gogh.
  • Hay muchas personas que tocan la ___itarra, pero muy pocas la tocan perfectamente.

  b. Completa con S, C o Z.
  • Ne___e___ito ___ilen___io para trabajar.
  • Antonio es muy inteligente y muy ___urio___o.
  • La ___erve___a del bar de ___armen es de Dinamar___a.
  • Mi abuelo fuma ___in___o ___igarrillos al día.

19 ● ¿Qué tal las clases de Literatura?
  ▼ Son _____ interesantes.
  a. muy   **b.** mucho

20 ● ¿Un piso o una casa?
  ▼ En la ciudad _____ un piso.
  a. prefiero   **b.** prifero

21 ● ¿_____ cuál es el número de teléfono del puerto?
  ▼ No, no _____.
  a. Conoces / sé   **b.** Sabes / tengo ni idea

22 ¿Dónde hay _____ quiosco?
  a. el   **b.** un

23 Hay mucho ruido; no _____ nada.
  a. oyo   **b.** oigo

24 ● Esta chica siempre _____ vestidos y zapatos de tacón.
  ▼ Claro, es que es recepcionista de un hotel de lujo.
  a. se pone   **b.** se quita

25 ● ¿Cómo se dice O.K. en español?
  ▼ Se dice _____.
  a. vale, de acuerdo **b.** hasta pronto

26 ¿Quién _____ cómo se _____ la paella?
  a. sabe / hace   **b.** conoce / prepara

27 ● ¿Con qué te depilas?
  ▼ Me depilo con _____.
  a. unas pinzas   **b.** un cortaúñas

28 (*En una tienda de ropa*) ¿Qué _____ tiene usted?
  a. talla   **b.** tamaño

29 ● Los sábados me levanto a las 11:00.
  ▼ Yo _____.
  a. tampoco   **b.** también

30 Ya sé _____ hasta 50 en español.
  a. decir   **b.** contar

9 **Fonética. Escucha, lee y repite tres veces.**

Un tigre, dos tigres, tres tristes tigres comen trigo en un trigal.

1. Pretexto

1 Escucha y relaciona las afirmaciones con las fotos de estos personajes.
¿Te acuerdas de ellos? Aparecen en la Unidad 2 y en el Repaso 1. Son:

Rafael Nadal
(tenista)

Isabel Coixet
(directora de cine)

Carolina Herrera
(diseñadora de moda
y de perfumes)

Cecilia Roth
(actriz)

Karlos
Arguiñano
(cocinero)

Antonio Canales
(bailaor)

Margarita Salas
(científica)

Alejandro Sanz
(cantante)

a «Me gusta mucho la música y el arte. Voy a conciertos y a visitar exposiciones. Me gusta el cine, pero no la ciencia ficción; está muy lejos de ser ciencia.»

b «Comemos muy bien en el País Vasco porque nos gusta mucho comer.»

c «Me gustan muchísimo Truffaut, Bergman, Scorsese, WalkerWay, Alexander Pynne.»

d «Me gusta bailar flamenco con el alma.»

e «Me gusta pescar y jugar al golf en Mallorca.»

f «Me gustan las camisas blancas. Una camisa blanca siempre está bien, es muy fresca, femenina.»

g «Me gustan mucho Stravinsky, Rachmaninoff, Ravel y Bach.»

h «Me gusta trabajar con Pedro Almodóvar. Me siento muy bien con él.»

2 Contesta.
1 Hay un tipo de verbo nuevo. Es diferente a los reflexivos. Solo va en tercera persona del singular y del plural, ¿qué verbo es?
2 Compara esta forma de expresar gustos con otras lenguas que conoces.

3 Habla.
1 ¿Se puede bailar con el alma?
2 ¿Qué aficiones encuentras en los textos?

2. Contenidos

1 **Las cuatro estaciones.**

Las estaciones son diferentes en los dos hemisferios. Por ejemplo, en enero, en el hemisferio norte hace frío y en el hemisferio sur hace calor.

Pon el artículo delante de los sustantivos anteriores.

_____ invierno

_____ primavera

_____ verano

_____ otoño

2 **El tiempo atmosférico.**
Lee, pregunta y contesta.

● *¿Qué tal día **hace** hoy?*
▼ *Hace **bueno**.*

Hace	Está, hay
frío calor viento sol buen tiempo / bueno mal tiempo / malo	Está nublado Hay niebla

llover	llueve	la lluvia
nevar	nieva	la nieve

LA TEMPERATURA
*En Madrid, en verano, **hace** treinta grados.*
*En Madrid, en verano, **están** a treinta grados.*
*En invierno, en Ávila, **hace** siete grados bajo cero.*
*En invierno, en Ávila, **están** a siete grados bajo cero.*

Pregunta a tu compañero/a qué día hace hoy.

3 **Los verbos de objeto indirecto.**

a Son verbos especiales. Observa el caso del verbo *gustar*.

• El pronombre no es el sujeto. Representa a la persona que siente el gusto.
• El sujeto gramatical es el sustantivo o infinitivo que suele ir detrás.
• Con el sustantivo en singular y el infinitivo el verbo va en 3.ª persona de singular.

b Pronombre de objeto indirecto (OI) + verbo en 3.ª persona del singular + sujeto singular

	PRONOMBRE DE OI	VERBO	SUJETO
(A mí)	ME	gusta	el mar
(A ti)	TE	gusta	la playa
(A usted)	LE	gusta	el cine
(A él, a ella)	LE	gusta	Alejandra
(A nosotros/as)	NOS	gusta	Mallorca
(A vosotros/as)	OS	gusta	comer
(A ustedes)	LES	gusta	el deporte
(A ellos, a ellas)	LES	gusta	pasear

c Pronombre de objeto indirecto + verbo en 3.ª persona del plural + sujeto plural

	PRONOMBRE DE OI	VERBO	SUJETO
(A mí)	ME	gustan	los perros
(A ti)	TE	gustan	las naranjas
(A usted)	LE	gustan	los niños
(A él, a ella)	LE	gustan	**Mónica y Nuria**
(A nosotros/as)	NOS	gustan	tus amigos
(A vosotros/as)	OS	gustan	las cataratas del Iguazú
(A ustedes)	LES	gustan	los árboles
(A ellos, a ellas)	LES	gustan	los Pirineos

Otros verbos que
funcionan igual:

Encantar
Molestar
Interesar
Apetecer
Pasar
Doler

● *¿**Te interesan** los deportes?*
◆ *No mucho.*

● *¿Qué **te pasa**?*
◆ *Que **me duele** la cabeza.*

● *¿**Os apetece** ir al cine?*
◆ *A mí sí.*
▼ *Pues a mí no.*

Piensa en cómo se dicen las mismas cosas en tu lengua.

Pregunta a tu compañero/a usando los verbos anteriores.

● *¿**Te gusta** la leche?*
● *¿**Te interesan** los deportes?*

4 **Los deportes.**

El ciclismo, la natación, el atletismo, el tenis, el baloncesto, el fútbol, el balonmano...

Con ayuda del diccionario, escribe el nombre de otros deportes.

Pregunta a tu compañero/a.

¿Qué deportes practicas?

5 Algunos adverbios.

Recuerda que ya sabes cómo se usan *muy* y *mucho* (Unidad 5)
Aquí tienes algunos adverbios más.

antes	tarde	nunca
después	deprisa	bastante
ahora	despacio	poco
pronto / temprano	siempre	nada

- ● *¿**Nunca** llegas **tarde**?*
- ◆ *No, soy **muy** puntual.*

- ● *¿Te gusta trabajar por la noche?*
- ◆ *No, **no** me gusta **nada**.*

> **ATENCIÓN**
>
> *No me gusta nada el calor.*
> NO + verbo + NADA
>
> *No llego nunca tarde.*
> NO + verbo + NUNCA, pero *NUNCA llego tarde.*

6 Preguntar sobre gustos y aficiones.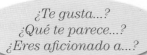

¿Te gusta...?
¿Te gusta...?
¿Qué te parece...?
¿Eres aficionado a...?

Expresar lo que a uno le gusta.
Me gusta mucho.
Me encanta.
Soy muy aficionado a...

Expresar lo que a uno no le gusta.
No me gusta...
No me gusta nada...
Odio...
No soy aficionado a...

Expresar coincidencia. Expresar divergencia.
A mí, sí.
A mí, también.

A mí, no.
A mí, tampoco.

---

3. Practicamos los contenidos

1 Completa las frases con las palabras del recuadro. *com*

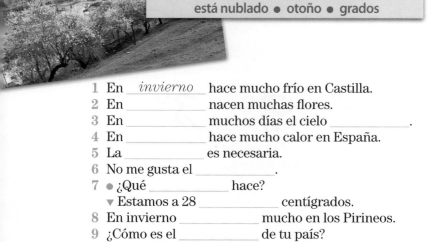

> lluvia ● primavera ● *invierno* ● temperatura
> llueve ● nieva ● verano ● clima ● viento
> está nublado ● otoño ● grados

1 En ___*invierno*___ hace mucho frío en Castilla.
2 En _____ nacen muchas flores.
3 En _____ muchos días el cielo _____ .
4 En _____ hace mucho calor en España.
5 La _____ es necesaria.
6 No me gusta el _____ .
7 ● ¿Qué _____ hace?
  ▼ Estamos a 28 _____ centígrados.
8 En invierno _____ mucho en los Pirineos.
9 ¿Cómo es el _____ de tu país?
10 En el norte de España _____ mucho.

2 Completa con las palabras apropiadas. *com*

> nieva ● frío ● *llueve* ● clima (2) ● norte
> verano ● muy ● 23 ● invierno ● calurosos

El clima

En el norte de España *llueve* mucho. El invierno no es muy frío y en el verano la temperatura es _____ agradable, unos _____ grados. En Castilla el invierno es _____ y los veranos muy _____ . En la zona mediterránea el _____ es muy suave y el _____ es caluroso. En las montañas como los Pirineos, en el _____ , y en Sierra Nevada, en el sur, _____ mucho durante el _____ . En las islas Canarias el _____ es subtropical.

3 Completa con el pronombre correcto. 🖊

1 ● A nosotros no _nos_ gusta la clase de filosofía.
▼ Es que es un rollo*.
2 ● A mi abuelo _____ duele mucho la espalda.
▼ Pues a mi abuelo las piernas.
3 ● A Juan y a Germán _____ encanta hablar de política.
▼ Y de fútbol también.
4 ● ¿_____ gusta el teatro?
▼ Sí, _____ gusta mucho.
5 ● ¿_____ gusta la música de Paco de Lucía**?
▼ Sí, me encanta.
6 ● A mí _____ duele la cabeza.
▼ ¿Por qué no tomas una aspirina?
7 ● A Ricardo y a mí no _____ gustan las películas románticas.
▼ Pues a mi hermano _____ encantan.
8 ● ¿A Gonzalo y a ti _____ gusta la comida india?
▼ No, no _____ gusta mucho.
9 ● ¿_____ gusta a usted la montaña?
▼ Me encanta.
10 ● ¿_____ gusta a ustedes el ciclismo?
▼ Sí, _____ gusta mucho.

* **Un rollo:** *muy aburrido.*
** **Paco de Lucía:** *guitarrista español muy famoso.*

4 Escribe la forma correcta del verbo. 📋

1 ● A mi hermana le _gustan_ mucho los perros.
▼ Pues yo prefiero los gatos.
2 ● ¿Te (gustar) _____ las Navidades?
▼ Sí, me (encantar) _____.
3 ● Me (gustar) _____ el calor.
▼ Pues yo prefiero el frío.
4 ● ¿Te (importar) _____ cerrar la ventana?
▼ No. Ahora mismo la cierro.
5 ● A Carlos le (doler) _____ mucho los pies.
▼ Es que anda mucho.
6 ● No me (gustar) _____ las matemáticas.
▼ Es que son difíciles.
7 ● Me (encantar) _____ nadar.
▼ Yo prefiero pasear.
8 ● ¿Te (apetecer) _____ ir al cine esta noche?
▼ Sí, estupendo.
9 ● ¿Os (interesar) _____ la política?
▼ A mí no mucho.
◆ A mí sí.
10 ● ¿Les (gustar) _____ el jazz?
▼ No, a mí no me (gustar) _____ nada.
◆ A mí, un poco.

5 Completa con los adverbios del recuadro. Fíjate en la doble negación. 🖊

> siempre ● despacio ● mucho ● temprano
> poco ● nada ● deprisa ● tarde (2) ● nunca

Me levanto *temprano* porque me gusta _____ desayunar en casa. Mientras desayuno leo el periódico porque me interesa la actualidad. Voy a pie al trabajo y ando _____ para hacer un poco de ejercicio y así no llego _____ . _____ hago una pausa a las doce y fumo un cigarrillo _____ , tranquilamente. Fumo muy _____ : tres cigarrillos al día. No bebo _____ de alcohol. No me acuesto _____ muy _____ , a las once.

6 Ordena. 📊

1 golf / interesa / el / me / No.
No me interesa el golf.
2 mucho / Me / en / esquiar / Sierra Nevada / gusta
_____
3 en la tele / de / ver / los partidos / Me / encanta / tenis
_____
4 ¿Te / domingo / en / montar / apetece / bici / el?
_____
5 ciclismo / Me / interesa / mucho / el
_____
6 No / mucho / el / gusta / voleibol / me
_____
7 campeona regional / Mi /es / vela / hermana / de
_____

8 que / fútbol / habla de / Me / la gente / molesta / solo
_____
9 los / 30 minutos / En verano / todos / nado / días
_____
10 bastante / La vela / caro/ es / deporte / un
_____

7 Pregunta a tu compañero/a por sus gustos y aficiones.

Recuerda que puedes usar: *gustar, encantar, molestar...*

- *¿Te gusta el cine?*　　*¿Te gusta...?*　　*Me gusta mucho...*
- ▼ *Me encanta.*　　　　　　　　　　*No me gusta nada...*
　　　　　　　　　　　　　　　　　　Me encanta...
　　　　　　　　　　　　　　　　　　Prefiero...

Y que puedes expresar coincidencia　　**O divergencia**

- *¿Te gusta el cine?*　　　　　　　　- *¿Te gustan los pájaros?*
- ▼ *Me encanta.*　　　　　　　　　　- ▼ *Sí, me gustan mucho.*
- *A mí también.*　　　　　　　　　　- *Pues a mí no.*

vivir en el campo	los perros
vivir en la ciudad	los gatos
ir al cine	la carne
ir al teatro	el pescado
el mar	el vino
la montaña	la cerveza
montar en bici	el té
montar en moto	el café
vivir en un piso	vivir en una casa

4. De todo un poco

1 Las vacaciones.

1　Elige dos fotos y describe lo que ves.
2　Compara tu descripción con las de tus compañeros/as.
3　Habla con tu compañero/a sobre qué estación del año prefieres y por qué.
4　Cuenta qué se puede hacer durante quince días, un mes, etc.
5　Decide qué producto anuncia esta imagen. ¿Te gusta este anuncio?

Imagina:

15 días en primavera.

1 mes en verano.

1 fin de semana　*en otoño.*

1 semana en invierno.

365 días al año.

2 Adivina qué deporte es.

Practico este deporte en invierno. Necesito ropa especial y gafas de sol. Puedo practicarlo solo o en grupo. Llevo unas botas muy duras.

*Solución > **El esquí.***

Ahora tú.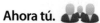
Piensa en un deporte de los que has aprendido. Con algunos datos, tus compañeros/as tienen que adivinarlo.

3 **Escucha. ¿Quién es quién?** 🔊⁵¹ 📊
Relaciona los textos que oyes con las personas.

8. _____

5. *A Alfonso le encantan las iglesias.*

1. _____
2. _____
3. _____
4. _____
6. _____
7. _____
9. _____

4 **Escucha y escribe lo que les gusta.** 🔊⁵² 🔖

A Gaspar le gusta... _____

A Pedro le gusta... _____

A Miguel le gusta... _____

A Guillermo le gusta... _____

¿Qué es lo que no le gusta a Guillermo?
_____
_____

¿Por qué vive Gaspar con otros estudiantes?
_____
_____

5 **Habla o escribe sobre el clima de tu país durante las cuatro estaciones. Antes de escribir repasa el vocabulario sobre el tiempo atmosférico y la actividad 2 de PRACTICAMOS LOS CONTENIDOS de esta unidad.**

_____
_____
_____
_____
_____
_____

6 **En parejas. Pregunta y contesta: ¿Te interesa/n…?**

- los deportes
- la religión
- la moda
- la política
- los coches
- el dinero
- la vida de los famosos

Añade tres.
1 _____
2 _____
3 _____

7 Lee.

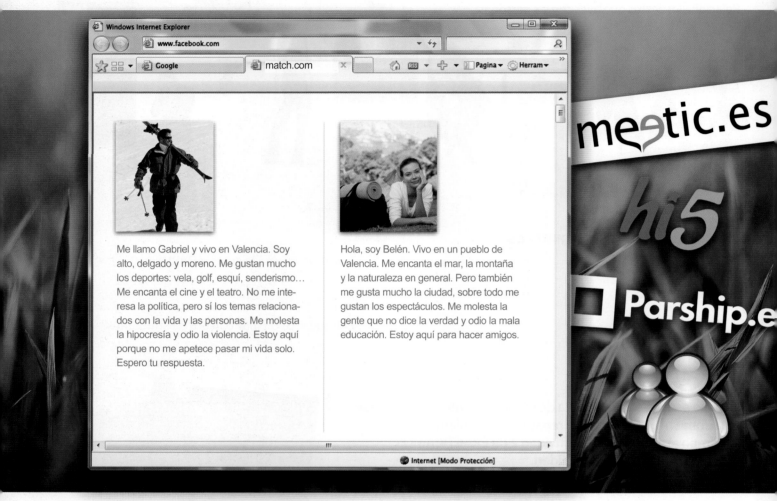

Me llamo Gabriel y vivo en Valencia. Soy alto, delgado y moreno. Me gustan mucho los deportes: vela, golf, esquí, senderismo… Me encanta el cine y el teatro. No me interesa la política, pero sí los temas relacionados con la vida y las personas. Me molesta la hipocresía y odio la violencia. Estoy aquí porque no me apetece pasar mi vida solo. Espero tu respuesta.

Hola, soy Belén. Vivo en un pueblo de Valencia. Me encanta el mar, la montaña y la naturaleza en general. Pero también me gusta mucho la ciudad, sobre todo me gustan los espectáculos. Me molesta la gente que no dice la verdad y odio la mala educación. Estoy aquí para hacer amigos.

Contesta:

1 ¿Crees que Belén y Gabriel son compatibles? ¿Por qué?
2 ¿Cuántos años crees que tienen?
3 ¿Conoces el nombre de algún sitio en Internet de este tipo?
4 ¿Crees que es peligroso conocer gente a través de Internet?

8 Escribe un anuncio en el periódico para relacionarte con gente.

Aquí tienes un ejemplo:

> Me llamo Jorge y vivo a 65 kilómetros de Sevilla. No soy muy alto, soy un poco gordo y estoy bastante calvo. No me gustan nada los deportes. Voy a todos los sitios en transporte público y me encanta pasar el tiempo delante del ordenador. Me gusta el *heavy* metal. Me molesta el consumismo. Necesito encontrar gente como yo.

¡Qué bueno!

8

La alimentación tiene que ser variada. Cada persona tiene que comer según sus necesidades.

Tenemos que consumir preferentemente alimentos vegetales.

Tenemos que tomar pocos dulces.

Tenemos que tomar menos sal.

Tenemos que beber pocas bebidas alcohólicas.

Tenemos que comer menos alimentos de origen animal.

1 Escucha y contesta: 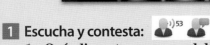 53

1 ¿Qué alimentos conoces del primer dibujo?
2 ¿Qué costumbres practicas tú?
3 ¿Recuerdas otras cosas buenas para la salud?

2. Contenidos

1 Verbos + infinitivo.

Ya conoces el verbo **poder** + infinitivo para pedir un favor y pedir permiso.

● *¿**Puedes hablar** más despacio, por favor?*   ● *Por favor ¿**podemos salir** 5 minutos antes?*
▼ *Sí, por supuesto.*   ▼ *No, lo siento.*

El verbo **querer** + infinitivo para proponer un plan.

● *¿**Quieres** ir al cine esta tarde?*
▼ *Vale, de acuerdo.*

También sabes que el infinitivo es el sujeto de los verbos **gustar**, **molestar**, **apetecer**, **encantar** y que con ellos expresamos lo que nos gusta y lo que no nos gusta.

● *A Marisa **le encanta pasear**.*   ● *A mis amigos **les molesta trabajar** hasta*
▼ *Y a mí también.*   *las 21:00.*
          ▼ *Es normal, es que es muy tarde.*

Ya sabes que el verbo **preferir** seguido de infinitivo sirve para expresar una elección.

● *¿Qué **prefieres**, **ir** al cine o **ver** una película en casa?*
▼ *Ir al cine.*

Pues ahora vas a conocer más verbos seguidos de infinitivo.

2 Expresar obligación.

Tener + que + infinitivo.

Yo	tengo	que	llamar a Telefónica.
Tú	tienes	que	llevar uniforme en tu trabajo.
Usted	tiene	que	hablar con su jefe.
Él / Ella	tiene	que	levantarse a las 8:00.
Nosotros/as	tenemos	que	hacer la compra esta tarde.
Vosotros/as	tenéis	que	ir a la reunión a las 14:00.
Ustedes	tienen	que	pagar la cuenta del hotel.
Ellos / Ellas	tienen	que	volver a casa pronto.

*En mi contrato pone que **no tengo que trabajar** los sábados.*

*Ustedes **tienen que pagar** la cuenta del hotel antes de las 12:00.*

¿Puedes decir qué tienes que hacer?

***Tengo que ir** al dentista.*

3 Expresar una acción futura.

Ir + *a* + infinitivo.

Yo	voy	a	ir al campo el sábado que viene (= próximo).
Tú	vas	a	estudiar en la biblioteca esta tarde.
Usted	va	a	cenar con Juan esta noche.
Él / Ella	va	a	pasar el fin de semana con sus padres.
Nosotros/as	vamos	a	ir a Sevilla para la Feria de Abril.
Vosotros/as	vais	a	visitar esta tarde el Museo Picasso.
Ustedes	van	a	viajar a Toledo pasado mañana.
Ellos / Ellas	van	a	celebrar el cumpleaños de su abuela mañana.

¿Puedes decir adónde vas a ir en los próximos días?

4 Los alimentos.

La fruta: la naranja, la fresa, la manzana, la pera, el plátano*, la uva, el melocotón**, el melón, la sandía.

  * *Plátano en español de España, banana y banano en español americano.*
 ** *Melocotón en español de España, durazno en Bolivia, Chile, Ecuador y Honduras.*

La verdura: la patata*, la lechuga, el ajo, el pepino, la cebolla, la coliflor, el tomate, el pimiento, la zanahoria.

 * *Patata en el español de casi toda España; papas en Andalucía y Canarias (España) y en español americano.*

La carne:
el pollo, la ternera,
el cerdo, el cordero.

El pescado y el marisco:
las sardinas, el lenguado,
las gambas, los mejillones,
el salmón.

Otros alimentos.

__ leche

__ aceite

__ cacao

__ arroz

__ cereales

__ queso

__ chocolate

__ yogur

__ galletas

__ pasta

__ margarina

__ mermelada

Pon el artículo a todos estos alimentos.

Ahora, escucha y repite.

Observa:

En el mercado, cuando vamos a comprar el/la vendedor/a dice:

● *¿Qué le pongo?*

Y el /la comprador/a contesta, por ejemplo:

▼ *Dos kilos de naranjas, **tres cuartos** (de kilo) de uvas, **medio kilo** de melocotones.*

Un/a estudiante es el vendedor/a; otro/a estudiante es el/la cliente.

● _____

▼ _____

Para pagar el/la cliente pregunta:

● *¿Cuánto es todo?*

Y el /la vendedor/a contesta, por ejemplo:

▼ *Son 25 euros.*

Un/a estudiante es el vendedor/a; otro/a estudiante es el/la cliente.

● _____

▼ _____

5 La vivienda.

La casa

El piso*

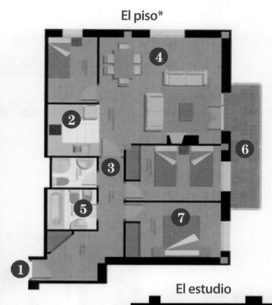

1. la entrada
2. la cocina
3. el pasillo
4. el salón comedor
5. el cuarto de baño
6. la terraza
7. el dormitorio

* En Hispanoamérica al piso se le llama apartamento o departamento.

El estudio

- *¿Dónde vives?*
- ▼ *Vivo en un estudio en el centro.*

Y ahora tú y tu compañero/a.
¿Dónde vives?

6 La comparación.

Más	+ sustantivo + adjetivo + adverbio	+ que	*Juan tiene **más** pelo **que** Alfonso.* *Marta es **más** fuerte **que** Gloria.* *Nosotros vivimos **más** lejos **que** ustedes.*
Verbo	+ **más que**		*Yo desayuno **más que** los alumnos.*
Menos	+ sustantivo + adjetivo + adverbio	+ que	*Alfonso tiene **menos** pelo **que** Juan.* *Gloria es **menos** fuerte **que** Marta.* *Ustedes viven **menos** lejos **que** nosotros.*
Verbo	+ **menos que**		*Los estudiantes desayunan **menos que** yo.*
Tan	+ adjetivo adverbio	+ como	*Es **tan** moreno **como** su hermana.* *Vive **tan** lejos **como** yo.*
Tanto/a/os/as	+ sustantivo + como		*Tienen **tantos** problemas **como** nosotros.*
Verbo + **tanto como**			*Duermo **tanto como** tú.*

Otros comparativos

Más bueno = **MEJOR**	Más grande, de más edad = **MAYOR**
Más malo = **PEOR**	Más pequeño, de menos edad = **MENOR**

Ahora, lee, escucha y repite. Pon atención a la entonación.

- ● ¿*Cómo es el nuevo director?*
- ▼ *Es **mejor que** el anterior.*

- ● ¿*Qué tal estás hoy?*
- ▼ ***Peor que** ayer. Tengo 38 de fiebre.*

- ● ¿*Tus hermanos son **menores** que tú?*
- ▼ *No, mis siete hermanos son **mayores que** yo.*

7 **Expresar énfasis.**

¡Qué!

¡Qué + sustantivo! ¡*Qué fresas* más ricas!
¡Qué + adjetivo! ¡*Qué guapa* es tu hija!
¡Qué + adverbio!
- ● *Vivo a 63 kilómetros de mi trabajo.*
- ▼ ¡*Qué lejos*!

¡Cuánto!

¡Cuánto + verbo!
- ● ¡*Cuánto trabajas*!
- ▼ *Sí... mucho.*

¡Cuánto/a/os/as + sustantivo!
- ● ¡*Cuánto café* tomas!
- ▼ *Es verdad. Tomo cinco cafés al día.*

¡*Cuántos pájaros* hay en ese árbol!

- ● ¡*Cuánta gente* hay hoy en la playa!
- ▼ *Claro, hace un día muy bueno y es domingo.*

¡*Cuántas rocas* hay en esta playa!

3. Practicamos los contenidos

1 **Completa con el presente de** *poder, preferir, querer, tener que* **e** *ir a.* com

1. ● ¿ *Quieres* (tú) venir conmigo a la biblioteca?
   ▼ No, _____ (yo) estudiar en casa.
2. ● ¿ _____ ustedes volver mañana? La señora Martínez ya se ha marchado.
   ▼ Bueno...
3. ● _____ (usted) hablar con el propietario del piso sobre el problema del agua, es muy importante.
   ▼ Sí, ya lo he llamado.
4. ● Esta tarde _____ jugar al baloncesto, ¿ _____ (tú) venir con nosotros?
   ▼ ¡Qué bien! Me apetece mucho.
5. ● _____ (vosotros) llegar tarde.
   ▼ No, solo son las 6:45 (siete menos cuarto).

6. ● ¿ _____ (usted) tomar más tortilla?
   ▼ Sí, muchas gracias.
7. ● Por favor, ¿ _____ (vosotros) comprar un cuarto de kilo de jamón y medio kilo de fresas en el mercado?
   ▼ Sí, claro.
8. ● ¿Qué _____ (vosotros) ir en coche o en tren?
   ▼ En tren.
9. ● ¿Con quién _____ (vosotros) cenar esta noche?
   ▼ Con Marina, Sol, Sergio y Rafa.
10. ● ¿Qué _____ hacer esta tarde?
    ▼ No tengo ni idea.

Está bien

2 En parejas. Relaciona los elementos de cada columna para formar preguntas correctas.

¿Puedes	que	vivir en un piso	por la playa?
¿Te	a viajar	más despacio,	más tarde?
¿Les	molesta	al concierto	por favor?
¿Qué	prefieres	pasear	o en una casa?
¿Quieres	ir	hablar	esta tarde?
¿Van	hablar	con	sus amigas?
¿Tienes	gusta	volver	con la directora?

3 Completa estas frases, fijándote en las fotos.

1 Por la mañana tomo un ___café___.
2 Antes de preparar la ensalada hay que lavar bien la _____.
3 Los musulmanes no comen carne de _____.
4 En las islas Canarias hay muchos _____.
5 Las _____ son muy buenas para la vista.
6 Los españoles toman doce _____ al principio del año.
7 Los _____ son muy baratos.
8 En primavera y en verano tomamos _____ con nata.
9 Para hacer el gazpacho necesitamos _____.
10 A los niños pequeños no les gusta mucho la _____.

4 Partes de la casa. Mira y contesta.
¿Qué partes de la casa no aparecen en el dibujo?

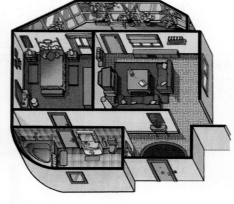

La entrada
La cocina
La ventana
El pasillo
El salón comedor
El cuarto de baño
La biblioteca
La terraza

5 Completa con los comparativos y compara tu opinión con la de tus compañeros/as.

1 Ahora hay _más_ divorcios _que_ antes.
2 El avión es _____ peligroso _____ el tren.
3 El gasoil es _____ barato _____ la gasolina.
4 La gente come _____ alimentos precocinados _____ antes.
5 El español no es _____ difícil _____ el japonés.
6 En los pueblos, la vida es _____ tranquila _____ en las ciudades.
7 El boxeo es _____ cruel _____ las corridas de toros.
8 España produce _____ vino _____ Holanda.
9 El alcohol es _____ perjudicial _____ el tabaco.
10 Los italianos toman _____ aceite de oliva _____ los ingleses.

6 Lee, completa y comenta con tus compañeros/as.

La mujer antes y ahora

En la actualidad, tiene _menos_ hijos que antes. También hay ahora _____ mujeres que trabajan fuera de casa. Por eso, hoy en día, los hombres colaboran _____ en las tareas del hogar hace, por ejemplo, cuarenta años.

Por otro lado, la ley dice que las mujeres tienen _____ derechos _____ los hombres, pero es una realidad que en muchos países ellas ganan _____ que ellos.

En general, la situación de la mujer ¿es _____ o _____ la de sus abuelas?

7 Completa con *qué, cuánto, cuánta, cuántos y cuántas.* com

1 ¡ _____Qué_____ bien canta Ainhoa Arteta!
2 ¡ _____ libros tienen ustedes!
3 ¡ _____ calor hace hoy!
4 ¡ _____ desayunas!
5 ¡ _____ gente ha venido al concierto!
6 ¡ _____ bueno está este arroz!
7 ¡ _____ pelo tiene tu novio!
8 ¡ _____ páginas tiene *El Quijote*!
9 ¡ _____ inteligente es tu sobrina!
10 ¡ _____ nublado está! Va a llover.

4. De todo un poco

1 Dentro de unos días es Navidad, Hanuká, o Id-al-Fitr, (o cualquier fiesta importante).
Este año vas a invitar a tu familia a cenar a tu casa. Afortunadamente tu hermana
va a ayudarte a prepararlo todo.

1 Tenéis que decidir el menú.
2 Tenéis que hacer una lista con todos los alimentos
necesarios para la cena.

2 Viaje a Perú.
Tu amigo/a y tú habéis decidido ir de viaje a Perú. ¿Qué tenéis que hacer? Leed y
ordenad cronológicamente las acciones.

	reservar	el pasaporte.
	pagar	los billetes.
	ir a	allí dos horas antes.
	estar	las maletas.
Tenemos que...	hacer	una loción antimosquitos.
	comprar	dinero.
	hacerse	una agencia de viajes.
	cambiar	los billetes.
	coger	el autobús al aeropuerto.

3 Comprar una vivienda.

1 Has recibido un premio de 876 000 euros en
la Lotería Primitiva. Como no tienes vivienda propia has decidido
comprar una ¿o dos? viviendas. Explica a tu compañero/a qué
tipo de vivienda quieres comprar y dónde; explica por qué.

2 Compara los diferentes tipos
de vivienda que se han elegido en la clase.

4 Formad dos equipos y haced oraciones comparativas.

	Luisa	Esther	Marta
Estatura	1,62	1,70	1,66
N.º de hijos	4	2	3
Sueldo	2 250 euros	1 950 euros	2 830 euros
Edad	42 años	28 años	56 años
Peso	58 kilos	65 kilos	70 kilos

5 Escucha y escribe al lado de cada 57 imagen el número que corresponde.

6 Escucha y completa. 58

● Buenos días ¿qué _____?

▼ _____, un kilo de cebollas y una coliflor.

● ¿_____ o pequeña?

▼ Esta pequeña.

● ¿Algo _____?

▼ Sí, ¿tiene _____?

● No, lo siento; _____ tengo manzanas, peras, melocotones, _____...

▼ ¿A cuánto _____ las peras?

● A _____.

▼ Pues un kilo de peras y una sandía. ¿Cuánto es todo?

● A ver..., _____ euros.

▼ Aquí tiene. _____, buenos días.

● Adiós, muchas _____.

7 Lee y contesta las preguntas.

DOS PRODUCTOS TÍPICAMENTE ESPAÑOLES

El aceite de oliva

Los científicos dicen que el aceite de oliva virgen es el producto natural más sano de todos. La aceituna es el fruto del olivo y el aceite es el zumo de la aceituna que contiene muchas vitaminas y protege de muchas enfermedades, sobre todo del corazón. Es el ingrediente más importante de la dieta mediterránea.

El vino en España

España es un país productor de vino.
Los vinos de Jerez y de Rioja son los más famosos.
En España una buena comida suele ir siempre acompañada de un buen vino.
Muchas veces, regalamos vino a nuestros amigos.

Di si es verdadero o falso.

	V	F
1 El árbol que produce las aceitunas se llama olivo.	☐	☐
2 El fruto del olivo es el aceite.	☐	☐
3 El aceite de oliva es bueno para el corazón.	☐	☐
4 No es costumbre regalar vino.	☐	☐
5 El vino de Jerez es muy conocido.	☐	☐

Y ahora, describe dos productos de tu país o región para presentarlos en clase.

8 Quieres estar en forma y vas a inscribirte en el gimnasio *En forma*. Escribe tus datos en la hoja de inscripción.

GIMNASIO *En forma*
HOJA DE INSCRIPCIÓN

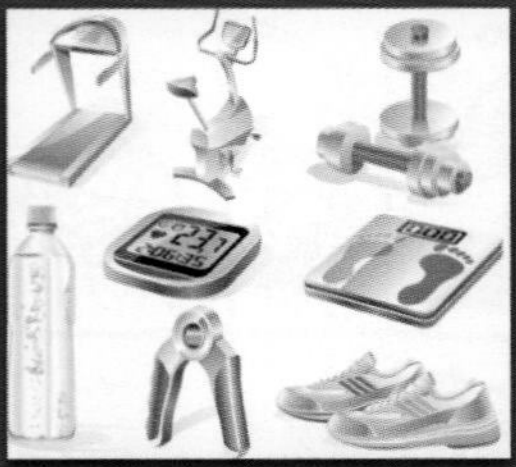

SOCIO: SÍ____ NO____   N.º DE SOCIO: _____

NOMBRE: _____   APELLIDOS: _____

DNI o PASAPORTE: _____

FECHA DE NACIMIENTO: _____ SEXO: M___ F___

DIRECCIÓN: _____

POBLACIÓN: _____

TELÉFONO: _____

E-MAIL: _____

N.º DE CUENTA (20 dígitos): _____

ACTIVIDAD: _____

HORARIO: _____

¿Qué te ha dicho el médico?

1. Pretexto

Hasta ahora:

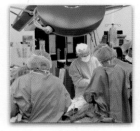

Hemos reducido las listas de espera para las operaciones quirúrgicas.

Hemos implantado la salud dental para niños hasta 7 años.

Hemos reducido el gasto farmacéutico.

Hemos construido más centros de salud.

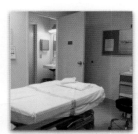

Hemos modernizado nuestras instalaciones con la última tecnología.

Hemos conseguido tener el mayor número de donantes del mundo.

¡Pero vamos a hacer mucho más!

GOBIERNO DE ESPAÑA — MINISTERIO DE SANIDAD Y CONSUMO

1 Escucha la siguiente información.))59

2 Con ayuda de tu profesor/a, tu compañero/a y el diccionario 📖👥
lee y contesta a estas preguntas:
1 ¿Cuál de las cosas que ha hecho la sanidad española te parece más importante? ¿Por qué?
2 ¿Qué crees que van a hacer?
3 ¿Funciona bien el sistema sanitario de tu país?

3 Y ahora, fíjate en la nueva forma verbal que aparece.
1 Subráyala.
2 ¿Qué crees que expresa, presente, pasado o futuro?
3 ¿Existe una forma equivalente en tu idioma?

2. Contenidos

1 El cuerpo humano. *com*

Completa con el artículo determinado las diferentes partes del cuerpo.

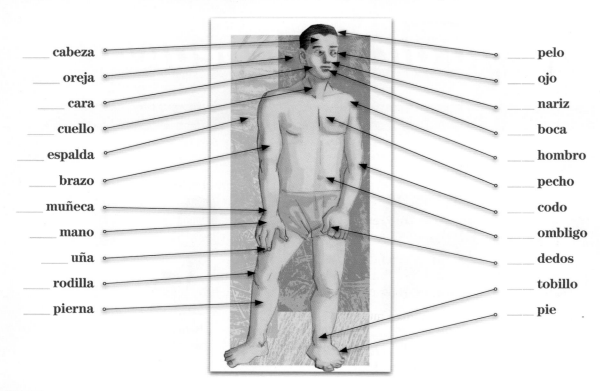

_____ cabeza

_____ oreja

_____ cara

_____ cuello

_____ espalda

_____ brazo

_____ muñeca

_____ mano

_____ uña

_____ rodilla

_____ pierna

_____ pelo

_____ ojo

_____ nariz

_____ boca

_____ hombro

_____ pecho

_____ codo

_____ ombligo

_____ dedos

_____ tobillo

_____ pie

2 Indefinidos.

algún / alguna	ningún / ninguna	mucho/a	poco/a
algunos/as	todos/as	muchos/as	pocos/as
todo/a	nadie		
alguien	nada		
algo			

Algo de + nombre incontable: *Queda **algo de** vino en la nevera.*
Nada de + nombre incontable: *No hace **nada de** frío.*

Escucha y completa. 🔊⁶⁰ *com*

● ¿Tienes algún amigo argentino?
▼ Sí, tengo _____.

● ¿Sabe _____ dónde está Juan?
▼ Ni idea.

● ¿Hay algo de dinero en el cajón?
▼ No, _____ hay _____.

ATENCIÓN

Ya sabes cómo funciona
la doble negación (Unidad 7)

***No** me gusta **nada** el pescado.*
***No** como **nunca** pescado.*

3 El pretérito perfecto.

El pretérito perfecto es un tiempo verbal pasado.

a ¿Cómo se forma?

Con el presente del verbo *haber* + el participio.

Yo	He	
Tú	Has	
Usted	Ha	AR — ADO comprado
Él / Ella	Ha	+ PARTICIPIO: ER — IDO comido
Nosotros/as	Hemos	IR — IDO vivido
Vosotros/as	Habéis	
Ustedes	Han	
Ellos / Ellas	Han	

*Esta mañana **he desayunado**, **me he puesto** ropa*
*de deporte y **he ido** a correr por la playa.*

Ahora tú. Conjuga el pretérito perfecto del verbo *ver*.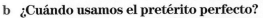

b ¿Cuándo usamos el pretérito perfecto?

1. Para referirnos a hechos acabados (representados por el participio)
   en un tiempo que no ha terminado (representado por el presente).
   Presente de **haber** + participio de un verbo > acción acabada en tiempo no acabado.

2. Hay marcadores temporales que combinan muy bien con esta idea:

> **Hoy** *es 28 de noviembre, jueves y son las 11:00.*
> **Hoy**: el día no ha terminado; solo son las 11:00.
> ***Hoy nos hemos levantado** tarde.*
> **Esta semana**: la semana no ha terminado, es jueves.
> ***Esta semana habéis practicado** mucho español.*
> *Estoy contenta.*
> **Este año**: el año no ha terminado.
> ***Este año no he estado** enfermo ni un solo día.*
> **Últimamente**.
> ***Últimamente he tenido** algunos problemas en el trabajo.*

Contesta a tu compañero/a.

- ¿A qué hora te has levantado esta mañana?
- ¿Qué has desayunado?
- ¿Ha llovido mucho este mes?

- ¿Has viajado mucho este año?
- ¿Has comido alguna vez guacamole?

3. Aunque ***alguna vez**, **nunca** y **ya*** pueden usarse con otros tiempos que ya conoces,
   cuando se usan con pretérito perfecto se refuerza la idea de ***hasta ahora***.

▼ ***¿Han leído** ya el periódico?*
● *Yo sí lo he leído.*
◆ *No, todavía no.*

▼ ***¿Has viajado alguna vez** (hasta ahora, hasta*
   este momento) al Caribe?
● *Sí (hasta ahora) he ido dos veces.*
◆ *No, nunca (hasta ahora) he ido.*

Algunos participios irregulares.

HACER	*hecho*
DECIR	*dicho*
PONER	*puesto*
VOLVER	*vuelto*
ESCRIBIR	*escrito*
VER	*visto*
ABRIR	*abierto*
DESCUBRIR	*descubierto*
ROMPER	*roto*
MORIR	*muerto*

● *¿Qué **has hecho** hoy?*
▼ ***He escrito** ocho correos electrónicos.*

● *¿**Ha vuelto** Carlos?*
▼ *No, **ha dicho** que llega mañana.*

¿Pretérito perfecto + *alguna vez* + ...?	¿Pretérito perfecto + *ya* +...?

¿Pretérito perfecto + *alguna vez* + ...?

- ● ¿**Has viajado** alguna vez al Caribe?
- ▼ *Sí,* **he viajado** *dos veces.*
- ◆ *No, nunca* (**he viajado** *al Caribe*).

- ● ¿**Has estado** alguna vez en Italia?
- ▼ *Sí, tres veces. ¡Me encanta Italia!*

- ● ¿**Ha probado** usted alguna vez el gazpacho?
- ▼ *No, nunca* (**he probado** *el gazpacho*).

¿Pretérito perfecto + *ya* +...?

- ● ¿**Has leído** ya el periódico?
- ▼ *Sí ya* **he leído** *el periódico.*
- ◆ *No, todavía no* **he leído** *el periódico.*

- ● ¿**Han hecho** ustedes los deberes?
- ▼ *Sí (ya* **hemos hecho** *los deberes).*

- ● ¿**Habéis visitado** ya el Jardín Botánico?
- ▼ *No, todavía no* (**hemos visitado** *el Jardín Botánico*).

4. El pretérito perfecto no se usa igual en todo el mundo hispanohablante.

Los hablantes de algunas zonas geográficas españolas (Galicia, Asturias, norte de Castilla-León, Canarias) y en muchas zonas de América no usan el pretérito perfecto cuando hablan, pero sí aparece en la lengua escrita. En el resto de España usamos este tiempo verbal cuando hablamos y cuando escribimos.

4 Pronombres de objeto directo.

Masculino singular	Femenino singular	Masculino plural	Femenino plural
LO	LA	LOS	LAS

- ● ¿Habéis leído ya **el prospecto**?
- ▼ *Sí, ya* **lo** *hemos leído.*

- ● ¿Han tomado ustedes los **medicamentos**?
- ▼ *Sí ya* **los** *hemos tomado.*

- ● ¿Ha hecho ya la doctora Sáenz **la receta**?
- ▼ *Sí, ya* **la** *ha hecho.*

- ● ¿Has comprado ya **las tiritas**?
- ▼ *No, todavía no* **las** *he comprado.*

Completa con el pronombre de objeto directo.

- ● ¿Has estudiado ya el presente?
- ▼ Sí, ya _____ he estudiado.

- ● ¿Has visto mis gafas?
- ▼ No, no _____ he visto.

5 Preposiciones.

a ¿Recuerdas estas preposiciones y cómo se usan?

- Para indicar la hora: *Me levanto* **a** *las 7:00.*
- Para hablar de periodos de tiempo: *No me gusta trabajar* **por** *la tarde /* **por** *la noche...*
- Para indicar localización: *Vivo* **en** *el centro de Buenos Aires. // La rana Margarita está* **en** *la caja de zapatos. // Hay una farmacia* **en** *aquella calle.*
- Para indicar procedencia geográfica: *Rafael Nadal es* **de** *Mallorca.*

Ahora, completa para reforzarlas.

1 El pretérito perfecto no se usa _____ todo el mundo hispanohablante.
2 Alejandro Sanz es _____ Cádiz (España).
3 A los músicos, en general, no les gusta trabajar _____ la mañana.
4 Muchos españoles empiezan a trabajar _____ las 8:00.

b **Más usos de A, DE, EN y POR.**

Usamos la preposición A para:	**Usamos la preposición DE para:**
• Indicar la dirección: *Voy **al** cine casi todos los sábados.* • Acompañar a verbos que indican movimiento y expresan la dirección: *Hoy he venido **a** clase en autobús. He salido **a** la terraza para ver el mar.*	• Indicar procedencia (movimiento): *Salgo **de** casa muy temprano. Venimos **del** cine.* • Indicar periodo de tiempo, relacionada con la preposición **A**: *Trabajo **de** ocho a tres.* • Señalar el material de un objeto: *El libro es **de** papel, la mesa **de** madera y aquel juguete es **de** plástico.*
Usamos la preposición EN con:	**Usamos la preposición POR para:**
• Años, estaciones, meses: *Estamos **en** primavera.* *Héctor ha nacido **en** febrero.* • Los medios de transporte: *Prefiero viajar **en** tren.* *Ir **en** metro es muy rápido.* **Excepción:** a pie = andando	• Indicar movimiento a lo largo de un espacio: *He viajado **por** todo el país. Ha ido a pasear **por** la playa.* • Indicar la causa de algo: ● *¿**Por** qué te gusta estudiar español?* ▼ *Porque es la segunda lengua de uso internacional.*

c **Dos preposiciones muy fáciles: CON y SIN.**

Usamos la preposición CON para: • Señalar compañía: *Estoy **con** mis amigos en la playa.* • Indicar el acompañamiento (en sentido figurado): *Hoy he comido huevos fritos **con** chorizo.* *Me gusta mucho el vino **con** gaseosa.*
La preposición SIN expresa lo contrario de CON: • Sin compañía: *Fui al cine solo, **sin** mis amigos.* • Sin acompañamiento: *Yo prefiero el vino **sin** gaseosa y los huevos solos, **sin** chorizo.*

6 Proponer un plan. 61

> *¿**Quieres** ir al cine?*
> *¿**Vamos a** tomar un café?*
> *¿**Por qué no** vamos a Granada este fin de semana?*
> ***Tengo una idea**. **Vamos a** visitar el zoo.*
> *Luego vamos a un concierto, ¿**vienes**?*

Aceptar un plan.

> *Sí, por supuesto.*
> *Bueno.*
> *Vale, de acuerdo.*
> *¡Qué buena idea!*

● *¿**Vamos a** la playa?*
▼ *Vale, de acuerdo.*

● *¿**Por qué no** vamos a visitar a los abuelos?*
▼ *¡Qué buena idea!*

Decir que no a un plan.

> *Lo siento, no puedo.*
> *Imposible.*

3. Practicamos los contenidos

1 Completa con las palabras del recuadro. com

> ojos • pie • piernas • pelo • cabeza • boca
> nariz • oreja • espalda • manos

1 Voy a tomar una aspirina porque me duele mucho la ___cabeza___.
2 Elisa está mejor sin gafas, porque tiene unos _____ preciosos.
3 Felipe lleva seis pendientes en la _____.
4 Tengo que ir al dentista porque tengo fatal la _____.
5 No podemos regalarle unos zapatos a Juan Antonio. No sabemos qué número de _____ tiene.
6 Mariano no puede levantar peso porque tiene problemas de _____.
7 A Julia le queda muy bien la minifalda porque tiene unas _____ muy bonitas.
8 Con tanto frío tengo las _____ muy secas.
9 No respiro bien. Voy a comprar algo para la _____.
10 Juan no tiene el _____ negro, sino castaño.

2 Subraya la respuesta correcta. sub

1 • ¿Tienes **ningún** / **algún** disco de Paco de Lucía?
  ▼ No tengo **ninguno** / **alguno**.
2 • ¿Hay **nada** / **algo** de pan en la cocina?
  ▼ No, no hay **nada** / **algo** de pan.
3 • ¿Tienes **muchos** / **pocos** libros?
  ▼ Tengo **muchos** / **pocos**, porque no me gusta leer.
4 • ¿Conoces **algún** / **algunos** país de Asia?
  ▼ No, no conozco **algunos** / **ninguno**.
5 • Tengo **muy** / **mucho** calor, ¿puedes abrir la ventana?
  ▼ Sí, claro.
6 • ¿Enciendes la luz, por favor? No veo **nada** / **nadie**.
  ▼ Ahora mismo.
7 • ¿Tienes que trabajar **mucho** / **muchos**?
  ▼ Sí, **poco** / **mucho**.
8 • ¿Hay **alguien** / **nadie** en casa?
  ▼ Sí, yo. Estoy en mi cuarto.
9 • ¿Conoces **algún** / **ningún** chico ecuatoriano?
  ▼ No conozco **ninguno** / **alguno**.
10 • ¿Tienes **alguno** / **mucho** tiempo para hacer los deberes?
  ▼ No. Tengo **poco** / **mucho** tiempo.

3 Completa con la forma correcta del com pretérito perfecto.

1 • ¿Por qué está tan enfadado Jesús, el panadero?
  ▼ Porque unos niños (romper) ___han roto___ el cristal de su escaparate.
2 • ¿Sabes que Javier (salir) _____ ya del hospital?
  ▼ ¡Qué alegría! Hay que hacer una fiesta.
3 • ¿(Vivir, usted) _____ siempre aquí?
  ▼ ¡Qué va! (Estar, yo) _____ quince años en Venezuela.
4 • ¿(Ver, tú) _____ **Amores perros**?
  ▼ No, pero me (decir) _____ Pablo que es una película muy interesante.
5 • (Abrir, yo) _____ una cuenta en Bankispan.
  ▼ Pues yo la tengo en Cajasol.
6 • ¿(Ir, tú) _____ alguna vez a México?
  ▼ Sí, (estar, yo) _____ allí dos veces.
7 • ¿(Ver, tú) _____ a Guillermo?
  ▼ No, todavía no (volver, él) _____ del trabajo.
8 • ¿Dónde (comprar, tú) _____ esta camiseta? Es muy bonita.
  ▼ En el **Rastro**, y es muy barata.

9 • ¿(Hablar, tú) _____ últimamente con Andrés?
  ▼ No, le (llamar, yo) _____ **un montón de veces** y no (conseguir) _____ hablar con él.
10 • ¿(Ver, tú) _____ una ópera en directo?
  ▼ Sí, *Carmen*, de Bizet ¡Qué maravilla!

PARA ACLARAR LAS COSAS

Amores perros: película del año 2000 del director mexicano Alejandro González Iñárritu.

Rastro: mercado en la calle.

Un montón de veces: muchas veces.

4 Completa con la forma correcta del pretérito perfecto. *com*

Hoy (tener, yo) *he tenido* un día horrible. (Salir, yo) _____ tarde de casa porque (recibir, yo) _____ dos llamadas: una de mi madre, que (tener, ella) _____ mucha fiebre durante toda la noche y otra de mi ex mujer, que ya (volver, ella) _____ de su viaje y por eso (llegar, yo) _____ al banco tres cuartos de hora tarde y el director (poner) _____ muy mala cara, y no (querer, él) _____ hablar conmigo. (Recibir, yo) _____ a muchas personas, pero no (conseguir, yo) _____ ningún cliente.

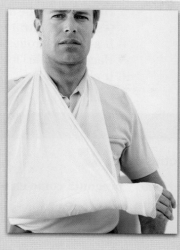

También (escribir, yo) _____ 25 informes. Luego (ir, yo) _____ a comer a un restaurante muy bueno que hay cerca de la playa. (Comer, yo) _____ muy bien. Después (volver, yo) _____ a casa en autobús y me (caer, yo) _____ en la calle. (Venir, yo) _____ al hospital, y (quedarme, yo) _____ aquí, porque los médicos (decir) _____ que mañana van a operarme. ¡Qué mala suerte (tener, yo) _____ ! A ver... ¿qué día es hoy? ¡MARTES Y TRECE! Ahora lo entiendo todo.

PARA ACLARAR LAS COSAS

Poner mala cara: estar antipático.
Martes y trece: en España es un día de mala suerte.

---

5 Contesta a estas preguntas. Usa el pretérito perfecto y los pronombres *lo, la, los, las*.

● *¿Has probado alguna vez el gazpacho?*
▼ *No, nunca lo he probado.*
◆ *Sí, lo he probado varias veces.*

1 ¿Has visto el Museo de Arte Reina Sofía de Madrid?

2 ¿Has visto la película *Amores perros*?

3 ¿Has escuchado las canciones de Julieta Venegas?

4 ¿Has hecho alguna vez **guacamole**?

5 ¿Has bailado alguna vez un **tango**?

6 ¿Has usado alguna vez un perfume de Carolina Herrera?

7 ¿Has hecho alguna vez una receta de Karlos Arguiñano?

8 ¿Has visitado alguna vez los Andes?

9 ¿Has bebido alguna vez una **margarita**?

PARA ACLARAR LAS COSAS

Guacamole: ensalada de aguacate con cebolla, tomate y chile verde, típica de América Central, de Cuba y de México.

Tango: baile argentino. *Margarita*: bebida hecha con tequila.

---

6 Completa con las preposiciones y contesta a las preguntas. *com*

1 ● ¿ *A* qué hora te has levantado esta mañana?
▼ _____

2 ● ¿ ___ quién vives?
▼ _____

3 ● ¿ ___ dónde has paseado esta mañana?
▼ _____

4 ● ¿ ___ dónde vienes?
▼ _____

5 ● ¿ ___ qué estación y ___ qué mes hay muchas flores en el hemisferio norte?
▼ _____

7 En parejas. Propón a tu compañero/a un plan. Debe aceptar o decir que no.

1 Ir a un concierto de tu cantante favorito.
2 Inscribirse en un gimnasio.
3 Ir a comprar ropa.
4 Preparar una buena cena.
5 Ir a esquiar por primera vez.
6 Hacer *rafting*.

7 Hacer la ruta de la noche de los museos (esa noche entrar en los museos es gratis).
8 Ir a una macrofiesta.
9 Hacer un safari fotográfico.
10 Ir al desierto.

4. De todo un poco

1 Pregunta a tu compañero/a sobre estas y otras cosas.

a Transforma el infinitivo en pretérito perfecto y pregunta como en el ejemplo.

Practicar
paracaidismo

● *¿Has practicado alguna
vez paracaidismo?*
▼ *No, nunca lo he
practicado.*

Montar
en globo

Ir a un
balneario

Cuidar
niños

Visitar un
zoológico

Hacer un
crucero

Cantar en
un karaoke

Escribir un
poema

Plantar
un árbol

b Ahora piensa en tres cosas que todavía no has hecho y quieres hacer.
Nunca he viajado en helicóptero, pero quiero hacerlo.

_____

_____

c Puesta en común.
Cuatro alumnos han plantado un árbol, pero nadie ha montado en globo.

_____

_____

2 Lo mejor y lo peor de la clase. En parejas.
Primero con tu compañero/a piensa en lo que más te ha gustado y por qué.
Después, toda la clase elabora un cartel con lo mejor y con lo menos agradable.

LO MEJOR HA SIDO...
Que hemos aprendido mucho.
Que he hablado en español con mis compañeros/as.

LO MENOS AGRADABLE HA SIDO...
Que hemos hecho muchos ejercicios.
Que hemos estudiado muchos verbos.

3 Habla con tu compañero/a.

a **¿Has hecho algo especial esta semana?**
Esta semana he estado en
Córdoba con unos amigos.
Nos hemos divertido mucho.
Hemos visitado la ciudad y
hemos comido en un restaurante
estupendo.

**¿Has hecho algo especial
este mes?**
Este mes he paseado a
los perros de los vecinos para
ganar un poco de dinero.

¿Has hecho algo especial este año?
Este año he trabajado los fines
de semana en el restaurante
de mi hermano.

b **¿Has copiado alguna vez en un examen?**

¿Has visto una serie de televisión de muchos capítulos?

¿Has mandado este mes muchos mensajes por el móvil? ¿Cuántos?

¿Has mentido alguna vez sobre tu edad?

¿Has pasado toda la noche de fiesta?

¿Has hablado más de 60 minutos sin interrupción por el móvil con la misma persona?

4 Habla con tu compañero/a.

a **¿Por qué miran
todos al perro?**

b **Describe todo
lo que ves.**

5 Completa estos diálogos con las frases que vas a escuchar. com

1 ●_____
  ▼ A las 7:00 porque tenía que hacer los deberes.

2 ●_____
  ▼ En un bar, como siempre.

3 ●_____
  ▼ Que hoy es el cumpleaños de su padre.

4 ●_____
  ▼ He estado en la oficina hasta las tres.

5 ●_____
  ▼ No. Es que está de viaje.

6 ●_____
  ▼ No, todavía no los he acabado.

7 ●_____
  ▼ Lo he visto en la biblioteca.

8 ●_____
  ▼ Don Juan Tenorio.

9 ●_____
  ▼ La hermana de Gustavo.

10 ●_____
  ▼ Porque he dormido muy mal esta noche.

6 Escucha y señala las opciones verdaderas.

La primera persona que habla dice que:

Ha tomado aceite de oliva. _____

Ha caminado 60 minutos. _____

Ha comido dos naranjas. _____

¿Cuida bien de su salud?   ☐ SÍ   ☐ NO

La segunda persona que habla dice que:

Ha dormido hasta muy tarde. _____

Ha tomado café descafeinado. _____

Ha fumado tres cigarrillos. _____

¿Cuida bien de su salud?   ☐ SÍ   ☐ NO

La tercera persona que habla dice que:

Se ha levantado pronto. _____

Ha comido mucho. _____

Va a meditar. _____

¿Cuida bien de su salud?   ☐ SÍ   ☐ NO

7 Lee.

No hemos parado

Cada mes se ha producido una nueva catástrofe natural, una nueva epidemia o un nuevo conflicto armado en un punto distinto del planeta. Y allí hemos estado, ayudando a las víctimas.

A partir de ahora, está en tus manos

Contesta a estas preguntas.

1 ¿Cuáles son las catástrofes naturales?

2 ¿Qué es una epidemia?

3 ¿Qué significa: «a partir de ahora está en tus manos»?:

  a. tus manos tienen que hacer cosas

  b. con tu ayuda *Médicos sin fronteras* va a hacer más cosas

  c. *Médicos sin fronteras* no necesita tu ayuda

4 ¿Existe esta organización en tu país?

5 ¿Has ayudado voluntariamente alguna vez a personas necesitadas?

8 Escribe. La última unidad del *Nuevo Avance 1* va a terminar.
Escribe un correo electrónico a tu amigo/a imaginario/a para contar todas las cosas que has hecho y has aprendido durante este curso.

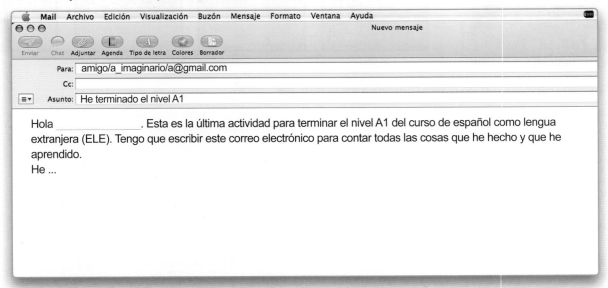

Mail   Archivo   Edición   Visualización   Buzón   Mensaje   Formato   Ventana   Ayuda

Nuevo mensaje

Enviar   Chat   Adjuntar   Agenda   Tipo de letra   Colores   Borrador

Para: amigo/a_imaginario/a@gmail.com

Cc:

Asunto: He terminado el nivel A1

Hola _____. Esta es la última actividad para terminar el nivel A1 del curso de español como lengua extranjera (ELE). Tengo que escribir este correo electrónico para contar todas las cosas que he hecho y que he aprendido.
He ...

Repaso

1 Escucha.

¿Quién es quién?
Escribe el número correspondiente.

2 Pregunta a tu compañero/a:

1 Qué día de la semana prefiere y por qué.
2 Qué mes prefiere y por qué.
3 Qué estación prefiere y por qué.
4 Qué hace los sábados normalmente.

3 Describe:

a **tu habitación o tu vivienda.**

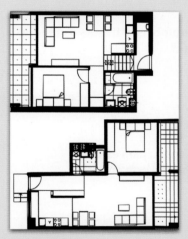

b **lo que ves en la imagen.**
   Tienes que decir:
   - dónde están las cosas
   - la forma
   - el tamaño
   - los colores
   - ¡y claro! los nombres de las frutas que conoces.

4 Lee y contesta.

Has terminado el nivel A1. Creemos que, cuando hablamos de cómo son las personas, de sus vidas diarias, de la familia, de la nacionalidad, de los gustos, de las comidas, de los deportes, ya puedes comprendernos.

También has aprendido a leer textos, formularios, y otras informaciones.

Ya puedes hablar con otras personas. Sabemos que no es fácil, que a veces ellas tienen que repetir. Eso es normal.

Ya sabes preguntar sobre la edad, la nacionalidad, el trabajo, los gustos, y muchos temas más.

También sabes describir personas y lugares. Sabes hacerlo de forma oral y de forma escrita.

Ya sabes escribir postales cortas y sencillas para hablar de tus viajes, de tu vida. Has aprendido a escribir correos electrónicos y a completar formularios con tus datos.

Esto quiere decir que ya has aprendido mucho, pero también sabemos que vas a aprender mucho más. ¡Enhorabuena!

Tacha el número correspondiente (cuatro, lo más difícil y uno, lo más fácil).

Entender cuando hablan	1	2	3	4
Hablar	1	2	3	4
Leer	1	2	3	4
Escribir	1	2	3	4
Aprender el vocabulario	1	2	3	4
Aprender la gramática	1	2	3	4
Los ejercicios de gramática	1	2	3	4
Los ejercicios de vocabulario	1	2	3	4

Durante el curso has conocido a personas famosas de España e Hispanoamérica. ¿Recuerdas el nombre de algunas de ellas y cuáles son sus profesiones?

_____

_____

Y has aprendido algunas cosas sobre las costumbres y fiestas españolas. ¿Recuerdas alguna fiesta o alguna costumbre?

_____

_____

5 Escribe.
Has acabado este curso y has decidido viajar a España para estudiar el nivel A2. Has buscado en Internet y has encontrado este anuncio. Te ha interesado mucho. Manda un correo electrónico de respuesta.

Necesitamos un/a chico/a extranjero/a para compartir piso. Somos dos periodistas españolas de 27 y 28 años. Tenemos una habitación grande para ti. Si eres alegre, limpio/a y ordenado/a y no fumas ¿por qué no nos escribes un correo?
vivalaspepitas@gmail.com
El piso está en una zona donde hay todo tipo de tiendas, un parque, 8 salas de cine y muchas cafeterías; está muy bien comunicado y no es caro.

6 **Elige la respuesta correcta.** *cam*

1 ● ¿Crees que Elisa ha comprado el regalo?
  ▼ _____.
  a. No tengo idea   **b.** Ni idea

2 (*En la frutería*) ¿Qué _____?
  a. le pongo   **b.** va a estar

3 ● ¿Cuál es el fruto del olivo?
  ▼ Es _____.
  a. la aceituna   **b.** el pepino

4 Camarero, por favor _____ cerveza.
  a. otra   **b.** una otra

5 ● ¿Conoces _____ país centroamericano?
  ▼ No. No conozco _____.
  a. algún / ninguno   **b.** alguno / alguno

6 No sé _____ de _____ tema.
  a. nada / este   **b.** algo / esta

7 A las 12:00 _____ a la escuela para recoger el
  certificado.
  a. tengo que ir   **b.** prefiero venir

8 ¿Quién _____ dónde está el hotel Las Vegas?
  a. conoce   **b.** sabe

9 Adela _____ del viaje muy _____.
  a. ha volvido / casada   **b.** ha vuelto / cansada

10 ● ¿Y las gafas?
   ▼ _____ tengo en mi bolso.
   a. Las   **b.** Los

11 ● No me gusta _____ la ópera.
   ▼ A mí _____.
   a. poco / también   **b.** nada / tampoco

12 ● ¿Hay _____ contigo?
   ▼ No, no hay _____. Estoy solo.
   a. alguien / nadie
   b. algún persona / ningún persona.

13 ● ¿_____ esta mañana?
   ▼ He ido a la playa.
   a. Cuál has hacido   **b.** Qué has hecho

14 _____ se ponen en las manos.
   a. Los calcetines   **b.** Los guantes

15 Los calcetines de Eduardo son _____.
   a. azul   **b.** azules

16 (*En una tienda de ropa*) El vendedor:
   ¿_____ tiene usted?
   a. Qué talla   **b.** Qué tamaño

17 ● ¿_____ el piso que te has comprado?
   ▼ Junto a la estación de autobuses.
   a. Dónde está   **b.** Dónde es

18 ● ¿_____ la nueva bibliotecaria?
   ▼ Ordenada, trabajadora y parece bastante amable.
   a. Cómo es   **b.** Cuál es

19 ● ¿Qué te parece el nuevo apartamento de Alejandro?
   ▼ _____ y cómodo.
   a. Está pequeño   **b.** Es moderno

20 ● ¿Dónde está Cataluña?
   ▼ _____.
   a. En el sudeste de España
   b. En el nordeste de España

21 ● Me encanta el frío.
   ▼ Pues a mí _____.
   a. no   **b.** tampoco

22 ● Como muy despacio.
   ▼ _____.
   a. Mí, también   **b.** Yo no

23 La conferencia es a las siete en punto. (Vosotros) _____
   ser puntuales.
   a. Preferís   **b.** Tenéis que

24 ● ¿Habéis terminado ya los ejercicios?
   ▼ No, todavía no _____ hemos terminado.
   a. lo   **b.** los

25 ● ¿Has hablado últimamente con María?
   ▼ No, no la _____ esta semana.
   a. has visto   **b.** he visto

26 ● ¿_____ el número de teléfono de la secretaría?
   ▼ No, no lo _____.
   a. Conoces / conozco   **b.** Sabes / sé

27 ● ¿Tienes _____ amigo español?
   ▼ No, no tengo _____.
   a. alguna / ninguna   **b.** algún / ninguno

28 ¿Qué te pones en los pies si tienes frío?
   a. Tapones.   **b.** Calcetines.

29 A mí _____ tomar un té después de comer.
   a. me encanta   **b.** me encantan

30 El año que viene _____ a Barcelona.
   a. voy a estudiar   **b.** he estudiado

Refuerza tus conocimientos:

7 **Ortografía.**
Corrige los errores de este texto.

Enrrique siempre se pone una vufanda
alrededor del quello en hinvierno.

8 Fonética. Lee, escucha y repite tres veces.

> **Pablito clava un clavito, un clavito clava Pablito.**
> **¿Qué clase de clavito clava Pablito?**

Apéndice de lecturas

1 Ser periodista.

Para mí, elegir una profesión es muy difícil. En mi familia casi todos son jueces o abogados. Pero yo no quiero seguir la tradición. Ser periodista es mi sueño. Es verdad que para ser periodista es necesario estudiar muchas cosas y no todas me gustan. Además, para ser periodista hay que saber escribir muy bien, pero también transmitir lo más importante de cada noticia. Lo que más me atrae de esta profesión es que los periodistas viajan mucho, saben todo lo que pasa en el mundo; informan y, como dice la frase famosa, «la información es poder». Ahora me pregunto: ¿en realidad quiero ser periodista para ser poderosa?

Tras la lectura, señala:

1 Qué profesiones tienen en la familia de esta chica.
2 Qué quiere estudiar.
3 Las características de esa profesión.
4 Qué dificultad presenta para ella esa profesión.
5 La frase famosa que cita.
6 Qué duda tiene al final de su reflexión.

2 En el tablón de anuncios del centro de estudios.

Tras la lectura, di si es verdadero o falso:

1 Kira quiere estudiar español en Navidad.
2 Kira quiere un trabajo de nivel medio.
3 Kira informa de cuál es su clase.
4 Kira trabaja en Rumanía.
5 Kira tiene un nivel medio-alto de español.

Me llamo Kira. Soy rumana. Mi nivel de español es medio-alto. Busco trabajo para las vacaciones de Navidad. Mi clase es la P-12. Gracias.

1 En Internet.

Somos un grupo de amigos y amigas de diferentes países. Vivimos en España y estudiamos en el mismo instituto. Buscamos otros chicos y chicas para formar un grupo de música. Ahora nos presentamos individualmente:

● Me llamo Lina, soy de Madrid. Tengo 15 años. Toco la guitarra.
▼ Hola. Yo soy Michael, soy inglés. Vivo y estudio en España. Hablo inglés y español. También toco la guitarra.

■ Y yo soy Richard, soy colombiano. Tengo 14 años. También vivo y estudio en España. Hablo un español distinto al de mis compañeros, pero nos entendemos. Toco la batería. Nos reunimos una vez por semana para ensayar.

Tras la lectura, señala:

1 Qué buscan Lina, Michael y Richard.
2 De dónde es cada uno.
3 Qué características personales da cada uno.
4 Qué instrumentos se mencionan.
5 Cuándo se ven y para qué.
6 Si hablan todos el mismo idioma.

2 Busco amigos y amigas.

Hola, soy nuevo en la ciudad. Me llamo Mario y soy cocinero. Trabajo en un restaurante pequeño muchas horas. Los lunes no trabajo. Necesito amigas y amigos. Vivo solo en la habitación de un hostal. Mi correo electrónico es: vivosolo@latinmail.com
Espero correos. Chao y gracias.

Tras la lectura, subraya si se da esta información en el anuncio:

1 Mario habla de su edad.
2 Mario dice cuál es su profesión.
3 Mario cuenta de dónde es.
4 Mario explica cuál es su horario.
5 Mario dice con quién vive.

Unidad 3: *Estoy en España*

1 Los números.

Los números están en todas partes. Los necesitamos para pagar, para contar, para decir nuestra edad…

Cuando, hace siglos, los romanos inventan los números, utilizan letras: la I quiere decir uno; la V, cinco; la X, diez; la L, cincuenta; la C, cien; la D, quinientos y la M, mil. Así, tenemos XXX años, II ojos o V dedos; compramos IV kilos de patatas…

¡Pero no es práctico!

En África, en el mismo periodo, también hay números: unos números fáciles y muy prácticos que un día deciden emigrar a Europa para ayudarnos. Salen todos juntos, en pequeños barcos que se rompen a veces por las olas. Algunos números mueren en el viaje y otros tienen que huir de los números romanos que les esperan en las playas y les llaman extranjeros. Pero ellos, convencidos de que son más útiles que los números romanos, se quedan y, poco a poco, la población empieza a utilizarlos. Desde ese día, se compran 2 botellas de leche, el día tiene 24 horas y mi madre cumple 49 años…

Pocas personas saben que los números que forman parte de nuestra vida son árabes. Todo el mundo los utiliza y nadie piensa que son extranjeros. Aunque la pregunta correcta es: ¿son de verdad extranjeros? ¿Qué significa ser extranjero?

(Adaptación de Números pares, impares e idiotas. *Juan José Millás y Antonio Fraguas «Forges». Versión original completa disponible en: http://www.aulaintercultural.org/IMG/pdf/18. Metodologia_intercultural.pdf)*

Tras la lectura, di si es verdadero o falso:

1 Los números son necesarios para decir cuántos años tenemos.
2 La letra C representa el número 10.
3 La letra M representa el número mil.
4 Usar letras para contar es muy práctico.
5 Los números árabes proceden de África.
6 Todo el mundo utiliza los números árabes pensando que son extranjeros.

2 Busco ilustrador/a.

Foro	Último mensaje	Mensajes
Hola: Busco ilustrador/a para fotografías, con buen gusto y ganas de trabajar para clientes particulares. Queremos hacer ilustraciones basadas en retratos fotográficos. No importa el lugar de residencia porque el trabajo es free lance. Las personas interesadas pueden dejar un mensaje en este foro o en mi dirección de correo. pilarsampedroblanco@gmail.com	18 de febrero	13
Ilustradora Mi nombre es Verónica, soy chilena y soy ilustradora, además de docente de Enseñanza Secundaria y estudiante de Diseño Gráfico. Si lo desean, puedo enviar algunos trabajos. Gracias.	20 de febrero	10
Diseñadora Hola, Me llamo Valeria y soy freelancer. Si quieren puedo mandar algunos trabajos míos. Gracias y hasta pronto.	7 de marzo	20
Ilustrador Hola, Mi nombre es Isaías López Modet. Soy ilustrador y diseñador gráfico. Me interesa tu propuesta. Este es mi correo por si te interesa: angelitozulesnoir@gmail.com Saludos y gracias.	19 de marzo	5

Tras la lectura, di si es verdadero o falso:

1 En el anuncio buscan ilustradores para una empresa nacional.
2 Ofrecen un contrato de tres meses.
3 Verónica es profesora.
4 Valeria es directora de una empresa.
5 Isaías tiene dos profesiones.

Unidad 4: *La familia bien, gracias*

1 **¿Quien es?**

Nace el 24 de diciembre de 1971 (mil novecientos setenta y uno) en San Juan, Puerto Rico. Empieza su carrera artística cantando en el coro de la escuela. Firma un contrato con Sony en 1991 (mil novecientos noventa y uno) y graba su primer disco. Desde entonces, su música y popularidad están presentes en toda América Latina. De su tercer disco, *A medio vivir*, 1995 (mil novecientos noventa y cinco) vende más de 700 000 (setecientas mil) copias en seis meses. El tema *María* ocupa los primeros puestos en las listas estadounidenses durante varias semanas.

En febrero de 1998 (mil novecientos noventa y ocho) presenta su cuarto trabajo, *Vuelve*, que incluye el popular tema *La copa de la vida*, canción oficial del campeonato mundial de fútbol de Francia en 1998. *Vuelve* gana el Grammy a la mejor interpretación de música popular latina. Es uno de los cantantes de mayor éxito de todos los tiempos.

La bomba, Perdido sin ti, María y Livin la vida loca son algunos de los temas más conocidos de este cantante.

En *People Magazine* dicen que es uno de los cincuenta hombres más guapos del mundo. No está casado, pero tiene dos hijos gemelos, Valentino y Matteo.

Por supuesto, Ricky Martin.

Tras la lectura, señala:

1 En qué país nace Ricky Martin.
2 Cómo empieza a relacionarse con la música.
3 Cuándo graba su primer disco.
4 De qué álbum vende más de 700 000 copias en seis meses.
5 Cómo se llama la canción oficial del campeonato mundial de fútbol de Francia.
6 Cuántos hijos tiene.

2 **Me ofrezco como au pair.**

Hola:
Me llamo Mireille, soy belga y tengo 21 años. Estoy de au pair en Salamanca. Cuido a dos niñas de 4 y 6 años. Mi trabajo con esta familia termina dentro de tres semanas. Quiero trabajar de au pair con una familia de Tenerife. Tengo muy buenas referencias.
Para contactar conmigo:
mireille.lafleur@laposte.net
gracias y hasta pronto. Mireille

Tras la lectura, señala:

1 De qué país es Mireille.
2 En qué lugar trabaja ahora.
3 En qué consiste su trabajo.
4 Cuándo termina su trabajo.
5 Dónde quiere trabajar.

Unidad 5: *De fiesta en fiesta*

1 Más fiestas españolas.

España es uno de los países con más folklore y fiestas populares de toda Europa. Algunas de ellas siguen unidas al calendario religioso, como **La Semana Santa**, que recuerda la muerte de Jesucristo. Se celebra en primavera. Las principales celebraciones de Semana Santa son las de Castilla y las de Andalucía.

Entre los días 7 y 14 de julio se celebra la fiesta mundialmente conocida como **los Sanfermines**. En estos días, Pamplona recibe a más de un millón y medio de turistas, la mayoría de ellos, neozelandeses, australianos, ingleses y franceses, que vienen a correr delante de los toros y a vivir intensamente esta semana. Es tan popular que en Estados Unidos y en algunos países de Europa se retransmite en directo por televisión.

Unida tradicionalmente al final del invierno tenemos **Las Fallas de Valencia**. El fuego, elemento mágico y fundamental de esta fiesta, quema todo lo viejo para dejar entrar a la primavera. Hoy en día se queman enormes esculturas de madera que representan la vida diaria y política del país y del mundo.

En Sevilla, una de las ciudades más bellas de Andalucía, se celebra la conocida **Feria de Abril**. Una semana de cante y baile, de caballos y toros.

Como en muchos otros lugares del mundo, en España también se celebran **Los Carnavales**. En cada lugar los celebran de una forma diferente. Por ello sería interesante poder visitarlos todos. Si no se puede, recomendamos los de Tenerife y los de Cádiz, que son famosos dentro y fuera de España. Son muy diferentes, pero los dos tienen mucho éxito.

Y una fiesta muy especial es la conocida como **La Tamborrada**. Se celebra en San Sebastián. Es un concierto de tambores tocados por niños y adultos durante 24 horas.

Tras la lectura, di si es verdadero o falso:

1 Todas las fiestas españolas son religiosas.
2 La Semana Santa es una fiesta de invierno.
3 La Feria de Abril se celebra en Sevilla.
4 En las Fallas hay un elemento de crítica social y política.
5 Los Carnavales de Cádiz y los de Tenerife son muy parecidos.
6 En San Sebastián, el pueblo toca el tambor durante un día completo.

2 Buscamos compañeras de viaje.

Somos dos jóvenes universitarios de Murcia de 23 años y 22 años, Fernando y Álex. Buscamos 2 chicas universitarias, más o menos de nuestra edad, para compartir viaje y gastos a Pamplona para los próximos Sanfermines. Tenemos coche, Citröen C3, quedan 2 asientos libres. Fiesta asegurada. feralexfermin@hotmail.com

Tras la lectura, di si se da esta información en el anuncio:

1 Los chicos hablan de su nivel de estudios.
2 Hablan de su profesión.
3 Dicen la marca del coche.
4 Explican el motivo del viaje.
5 Señalan la fecha de salida.

1 Comercio justo.

El comercio justo es una forma alternativa de comercio que promueven algunas organizaciones no gubernamentales y que establecen una relación comercial justa entre productores y consumidores. Los principios que defiende el comercio justo son:

1. Los productores se organizan en cooperativas.
2. No admiten ayudas de los gobiernos.
3. Los precios pagados por los productos permiten unas condiciones de trabajo dignas.
4. No permiten la explotación infantil.
5. No hay intermediarios entre productores y consumidores.
6. Existe igualdad entre hombres y mujeres en las condiciones de trabajo.
7. Respetan los derechos humanos.
8. Buscan mejorar las condiciones de higiene en el trabajo.
9. Quieren respetar el medio ambiente.
10. Buscan fomentar el consumo responsable.

Tras la lectura, señala:

1 Quiénes promueven el comercio justo.
2 Cómo se organizan los productores.
3 Qué ocurre con los niños.
4 Qué gobiernos ayudan.
5 Qué garantizan en cuanto al trabajo.
6 Qué esperan de los consumidores.

2 Foro de novios.

Foro	Último mensaje	Mensajes
Hola: Quiero ayudar a la gente necesitada y mi novio y yo vamos a dar a los invitados de nuestra boda un regalo de comercio justo. Voy a comprar unas bolsitas y unas cintas hechas por unos niños discapacitados y también voy a comprar en Intermón Oxfam paquetes de té. Vamos a llenar las bolsitas con el té para todos los invitados y vamos a poner una tarjeta de agradecimiento explicando qué es el comercio justo y por qué hacemos este regalo. ¿Qué os parece? Un beso, Claudia	18 de marzo	12
Hola Claudia: Me encanta tu idea. Además casi todo el mundo toma té. Así ayudáis a los demás. Es una idea estupenda. Tere	20 de marzo	20

Tras la lectura, di si es verdadero o falso:

1 Claudia se va a casar.
2 No va a celebrar la boda.
3 Las bolsas están hechas por niños del Tercer Mundo.
4 Las bolsas llevan café.
5 A Tere le parece bien la idea de Claudia.

Unidad 7: *Para gustos están los colores*

1 El clima de las Islas Canarias.

Reciben el nombre de Islas Afortunadas, entre otras razones, por su clima de eterna primavera con una temperatura media entre 18 y 24° C (64,4 y 75,2° F), entre las diversas estaciones; esto facilita la posibilidad de tomar el sol y bañarse en sus playas durante todo el año.

Al estar situadas a poco más de 4° del Trópico de Cáncer, paralelo que pasa por La Habana, estar tan próximas a la costa africana y estar bañadas por los vientos alisios, su clima es subtropical. Al mismo tiempo, la variedad de sus relieves, con elevadas montañas, da fascinantes diversidades climáticas. Mientras sus montañas están nevadas, en la playa el sol invita al baño. También la llamada Corriente Canaria mantiene la temperatura del agua por debajo de la que corresponde a su latitud, entre 22° C en verano y 19° C en invierno.

Las islas en las que llueve un poco más son Tenerife, La Palma y Gran Canaria, mientras que Fuerteventura y Lanzarote, por ser más llanas, resultan más secas y garantizan la estabilidad de sol durante todo el año.

Este clima tan favorable se refleja en el carácter tranquilo de sus habitantes, tanto en el de los isleños, como en el de los muchos extranjeros que las han elegido como segunda vivienda durante el invierno.

Tras la lectura, di si es verdadero o falso:

1 En las playas de las Islas Canarias, la gente puede bañarse todo el año.
2 Nunca nieva en estas islas.
3 El paisaje en Canarias es siempre igual.

4 En Fuerteventura y en Lanzarote es donde menos llueve.
5 Muchos extranjeros pasan aquí el invierno.
6 El carácter de la gente es temperamental.

2 Vendo material de papelería.

PAPELERÍA VENTAS

VENDO MATERIAL ESCOLAR, DE OFICINA E INFORMÁTICA MUY BARATO Y EN PERFECTO ESTADO POR CIERRE DE PAPELERÍA. (Córdoba)
Contacto: cierroquepena@latinmail.com

Vendo de todo lo que se puede encontrar en una papelería, desde una goma de borrar hasta un libro de texto...
PRECIOS ECONÓMICOS (Teruel)
Contacto: mateialidades@mixmail.com

Vendo material de papelería económico por cierre de negocio, interesados, contacto ecopapeleríanomico@yahoo.es y hablamos de precios, gracias. (Lugo)

Tras la lectura, di si se da esta información en los anuncios:

1 El estado del material en los tres lugares.
2 La razón de la venta del material en Teruel.

3 El tipo de material que se vende en Córdoba.
4 Si los precios son baratos en Teruel.
5 El precio concreto en Lugo.

1 **El cultivo de la fresa en la provincia de Huelva (España).**

La provincia de Huelva está en el sur de España. Limita al norte con la provincia de Badajoz, al oeste con Portugal, al este con la provincia de Sevilla y al sur con el océano Atlántico.

La zona sur de Huelva presenta unas condiciones de suelo, clima y de agua de buena calidad, perfectos para el cultivo de la fresa.

Actualmente, en Huelva se producen unas 150 000 toneladas de fresa al año, lo que representa más del 65% de la producción española de esta fruta sobre todo, en unas fechas en las que no tiene competencia tanto en el mercado interior, como en el resto de Europa.

El cultivo de la fresa da trabajo a mucha gente, española y extranjera, que viene especialmente en el momento de la recogida. España exporta más del 30% de la fresa de Huelva, que es conocida por su gran calidad.

Casi la mitad de la fresa producida en Huelva se dirige a la exportación. Francia con un 33% del volumen exportado por España, y Alemania con un 32%, son los mejores clientes, pero también otros países como Reino Unido, Bélgica, Holanda, Suiza, Austria e Italia piden fresas de Huelva.

Tras la lectura, señala:
1 En qué parte de España está Huelva.
2 Por qué se cultiva la fresa en Huelva.
3 Cuándo se recoge allí la fresa.
4 Qué porcentaje de la fresa española se cultiva en Huelva.
5 Qué países consumen más fresas españolas.

2 **Traspaso.**

Restaurante en San Telmo, a 50 m del mar, Mallorca.
Local de unos 150 m^2 en una planta: cocina; una terraza grande de 100 m^2 y otra pequeña en la entrada con espacio para 2-4 mesas. Además, 70 m^2 para almacén.
Amplio aparcamiento.
Magníficamente decorado.
Funciona hace un año y tiene muchos clientes.
Motivo del traspaso: Vuelvo a mi país (Suiza) por razones personales para atender a mis padres.

El restaurante es ideal para una familia.
Contactar con: vendorestaurantesantelmo@mixmail.com
Preguntar por Pierre o Michelle.
Teléfono: 971 16 17 20

Tras la lectura, di si es verdadero o falso:
1 Se traspasa un local para almacén.
2 El local tiene dos pisos.
3 Se traspasa por motivos familiares.
4 Los dueños son suizos.
5 Lleva muchos años funcionando.

Unidad 9: ¿Qué te ha dicho el médico?

1 La homeopatía.

Es un método terapéutico que se basa en administrar pequeñas dosis de sustancias medicamentosas para activar las propias defensas de nuestro organismo y llegar suavemente a la mejoría o curación de las enfermedades. Es una técnica que se caracteriza por curar de una forma poco agresiva.

Aunque esta técnica se usa desde los tiempos de Hipócrates, es Samuel Hahnemann, quien, a finales del siglo XVIII, organiza la preparación y la forma de administrar estos medicamentos.

En el estado español, al igual que en el resto de países de la Unión Europea, los productos homeopáticos son medicamentos regulados por el Ministerio de Sanidad y Consumo desde el año 1994.

En España, a diferencia de otros países de la Unión Europea, no están cubiertos por el sistema nacional de salud y el paciente tiene que pagar la consulta y los medicamentos. Estos medicamentos homeopáticos, como cualquier otro, son recetados por médicos y vendidos en las farmacias.

Tras la lectura, di si es verdadero o falso:

1 La homeopatía no utiliza medicamentos.
2 La homeopatía puede curar enfermedades.
3 Es una técnica moderna y reciente.
4 Los medicamentos homeopáticos no pasan ningún control.
5 En España no es gratis la medicina homeopática.
6 Los productos homeopáticos se venden en farmacias.

2 Clínica dental.

**Máxima flexibilidad horaria, de lunes a sábado.
12 horas ininterrumpidamente.
Tecnología de vanguardia.
Hasta 5 años de Financiación
Todas las especialidades.**

Clínicas Vital Dent es una red compuesta por más de 400 clínicas de servicios dentales integrales que lleva más de 15 años poniendo al alcance de todos la tecnología más avanzada e innovadora en equipos, bioseguridad y tratamientos. Un equipo compuesto por más de 3 500 profesionales sanitarios con un único objetivo: «*Hacerte Sonreír*».

Tras la lectura, señala:

1 Qué horario tiene esta clínica.
2 Cómo se pueden pagar los tratamientos.
3 Cuántas clínicas hay.
4 Cuánto tiempo lleva funcionando.
5 Cuál es el objetivo de estas clínicas.

Examen DELE nivel 1

(Realizado de acuerdo con el formato y las pautas del presentado por el Instituto Cervantes para la obtención del certificado A1 de lengua española)

1. Prueba de comprensión de lectura

Duración: 45 minutos

Tarea 1.

Lee este correo electrónico y contesta a las 5 preguntas:

🍎 **Mail** Archivo Edición Visualización Buzón Mensaje Formato Ventana Ayuda	🔋 ✳ 🔊 📶 🔌 (Cargada) 🔳 mié 11:41 🔍

Nuevo mensaje

Enviar Chat Adjuntar Agenda Tipo de letra Colores Borrador

Para:
Cc:
Asunto:

Hola Marta:

¿Qué tal sigues por Boston?

Preguntas con quién vivo en Madrid, pues vivo con una familia española. Roberto es viudo y tiene dos hijos, Teresa y Gonzalo. Teresa, que tiene 26 años, vive de lunes a viernes en casa y el viernes por la tarde va a Burgos donde vive su novio. Gonzalo, de 24, trabaja en Toledo y viene todos los fines de semana a casa, a Madrid. Roberto, el padre, tiene un restaurante y siempre comemos allí. La madre de Roberto viene al restaurante algunas veces.

También preguntas por mi curso de español. Bueno... Estoy en el nivel C1 (el quinto nivel de los 6 niveles que hay). Es difícil, especialmente las audiciones y hablar sola delante de todos los compañeros, pero tengo un buen grupo. Somos 12 alumnos de nacionalidades muy diferentes: cuatro japoneses, una chica taiwanesa, otra búlgara, un chico ruso, una italiana, tres francesas (incluida yo) y un portugués.

Estoy contenta. La profesora trabaja mucho con nosotros. Me gusta. Aprendo mucho español todos los días.

Los fines de semana trabajo a la hora de la cena en el restaurante con Roberto y sus dos hermanos: Miguel y Pepa. Estoy en la cocina y aprendo mucho.

Me voy a clase.
¿Qué planes tienes para Navidad? ¿Vas a venir a España?
Un beso.
Chantal

Preguntas

1 Chantal vive...
   a) con una familia típicamente española.
   b) con un hombre y sus dos hijos.
   c) con su amigo Roberto.
   d) con sus compañeros de piso.

2 Durante la semana en la casa viven...
   a) cuatro personas.
   b) dos personas.
   c) Roberto, Chantal y Gonzalo.
   d) Chantal, Teresa y su padre.

3 El curso de Chantal...
   a) es el más elevado.
   b) es difícil, pero le gusta y aprende.
   c) tiene una profesora vaga.
   d) tiene 7 estudiantes asiáticos.

4 A Chantal le parece difícil...
   a) hablar a sus compañeros.
   b) comprender a los madrileños.
   c) exponer un tema en clase.
   d) comprender a su profesora.

5 Los fines de semana Chantal...
   a) trabaja de cocinera por la noche en el restaurante de Roberto.
   b) trabaja de camarera en el bar de Roberto.
   c) visita a la madre de Roberto.
   d) ayuda a servir el almuerzo en el restaurante de Roberto.

1	2	3	4	5

Tarea 2.

**Relaciona lo que pone en las notas con la frase correspondiente.
Hay tres actividades que no debes seleccionar.**

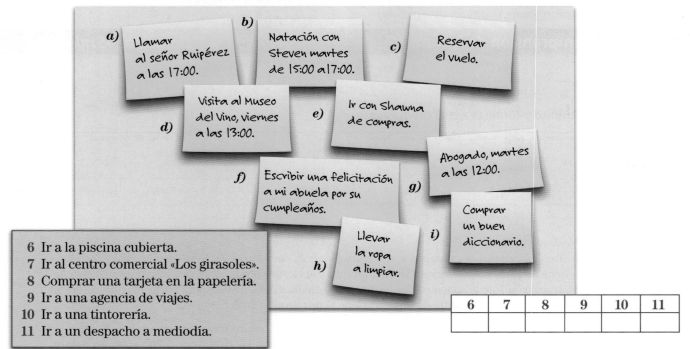

a) Llamar al señor Ruipérez a las 17:00.

b) Natación con Steven martes de 15:00 a 17:00.

c) Reservar el vuelo.

d) Visita al Museo del Vino, viernes a las 13:00.

e) Ir con Shawna de compras.

f) Escribir una felicitación a mi abuela por su cumpleaños.

g) Abogado, martes a las 12:00.

i) Comprar un buen diccionario.

h) Llevar la ropa a limpiar.

6 Ir a la piscina cubierta.
7 Ir al centro comercial «Los girasoles».
8 Comprar una tarjeta en la papelería.
9 Ir a una agencia de viajes.
10 Ir a una tintorería.
11 Ir a un despacho a mediodía.

6	7	8	9	10	11

Tarea 3.

**Lee los textos de los restaurantes. Relaciona los anuncios de cada
restaurante con el número correspondiente de las personas que
hablan. Hay tres anuncios que no debes seleccionar.**

A

Restaurante «La galerna».
Especialidad en pescados frescos.
Servimos las mejores ensaladas
del puerto. Abierto de 13:00 a
15:00 horas y de 20:00 a 23:00.
Tenemos doce mesas en la terraza.
Reservas en el 999 22 30 90

Restaurante japonés «KI».
Comida japonesa, espectáculo
teatral típico durante la cena. Mesas de 6 personas como máximo.
Abierto de 20:30 a 24:00. Contacto: restauranteki@latinmail.com
o en el 988 76 25 00.

D

B

Restaurante «El chuletón».
Especial para comedores de carne
y bebedores de cerveza.
La mejor carne y cerveza de la
ciudad. Tenemos un apartado de
16 mesas para fumadores.

Restaurante «Guadalajara».
La mejor cocina española
a los mejores precios.
Raciones abundantes.
Buen servicio.
Cierra los domingos.

E

C

Restaurante «El rapidillo».
Pizzas, hamburguesas, pollo frito,
patatas fritas, helados.
Precios económicos. Estamos en
el centro de Murcia. Abierto casi
todo el día y parte de la noche.

**Restaurante vegetariano
«El brote de soja».**
El más tranquilo de
la ciudad. Está prohibido fumar.
Ideal para gente joven con
bebés y con niños.

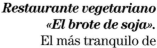

F

G

Restaurante «El jolgorio».
Organizamos cenas para grupos.
Disponemos de 6 reservados.
Reservas en
jolgoriorestauranteja@yahoo.es
o en el teléfono 959 66 12 08.

Restaurante
«El jardín de las delicias».
Ideal para padres con niños.
Precios económicos.
Menús infantiles. Zona de juegos.
Abierto los fines de semana
de 12:00 a 21:00.
No admitimos reservas.
Zona especial para perros.

I

H

Restaurante
«La Torre del palacio».
Restaurante decorado
con antigüedades. Servicio con
amplia experiencia. Fuentes
interiores y centros de flores
por todas partes. Los platos
más deliciosos y los vinos más
selectos. Le esperamos.
Reservas en 922 21 29 44.

12 Buscamos un
restaurante con
comida típica y
sabrosa.

13 Queremos
un restaurante
con comida sana
y ligera para
comer el sábado.

14 Necesitamos
un restaurante
sin humo.
Llevamos a
nuestro bebé.

15 Buscamos
un restaurante
barato y de
comida rápida.

16 Necesitamos
un restaurante
barato con menú
para niños.

17 Queremos un restaurante
con un reservado para nuestra
cena de empresa.

12	13	14	15	16	17

Tarea 4.

Observa la oferta de hoteles de Cuenca. Completa las oraciones que aparecen a continuación con la información del texto.

Hoteles recomendados en Cuenca

Desde 69,55 € ☆☆☆☆
Sercotel Torremangana
Avda. San Ignacio de Loyola, 9, Cuenca.
Hotel Torremangana, en el centro de Cuenca, Patrimonio de la Humanidad, le invita a descubrir una ciudad antigua y maravillosa, un tesoro artístico.

Eusebia, Madrid: La atención del personal de recepción y limpieza ha sido muy buena.

Desde 62,20 € ☆☆☆
Cueva del Fraile
Ctra. Buenache, Km 7, Cuenca.
Este imponente edificio, un antiguo convento que data del siglo XVI, está situado a solo 5 minutos del centro histórico de Cuenca.

Alejandro, Valencia: El ambiente acogedor del interior del hotel y el entorno paradisíaco que le rodea. Se trata de un lugar excelente para relajarse y aislarse de la rutina.

Desde 69,55 € ☆☆☆☆
AC Cuenca
Avda. Juan Carlos I s/n, Cuenca.
Hotel de estilo contemporáneo situado en la histórica ciudad de Cuenca. Manténgase en forma en el gimnasio del hotel o relájese con sus amigos en el confortable AC Lounge.

María, Jaén: Minibar gratuito. Parada de bus en la puerta n.º 1 y 2 para zona del casco antiguo.

Desde 34,50 € ☆☆
Hostal Cortés
Ramon y Cajal n.º 45, Cuenca.
El hotel tiene una ubicación privilegiada, ya que se encuentra en el centro de la ciudad de Cuenca (España).

Margarita, Bilbao: Está muy céntrico y la relación calidad precio es buena.

Desde 48 € ☆☆☆
Hotel Leonor de Aquitania
San Pedro, 60, Cuenca.
Con vistas a la Hoz de Huécar, este hotel se ubica en un edificio del siglo XVII lleno de encanto. Está situado en el casco antiguo de Cuenca.

Jaime, Algeciras: Las chicas de recepción todas simpatiquísimas, informan de todos los lugares interesantes de Cuenca, museos, monumentos, etc. En resumidas cuentas, una estancia deliciosa.

- El hotel Torremangana está en el centro de la ciudad de Cuenca que es _____ (18) de la Humanidad.

- El hostal Cortés es más _____ (19) que los hoteles.

- El hotel _____ (20) está en el edificio más antiguo.

- Si quieres tomar algo de beber en la habitación del hotel _____ (21) no tienes que pagar.

- Este hotel tiene muy buenas vistas y está construido en la parte antigua en un edificio antiguo lleno de _____ (22).

- Hay tres hoteles que cuestan más de sesenta euros. Estos hoteles son: _____ _____ (23).

- Dice Alejandro que el paisaje que hay alrededor del hotel es _____ (24).

- El hotel Leonor de Aquitania está situado en la parte _____ (25) de la ciudad.

2. Prueba de comprensión auditiva

Duración: 20 minutos

Esta prueba contiene 4 tareas. Tienes que contestar a 25 preguntas.

Tarea 1. 🔊⁶⁶

A continuación escucharás cinco diálogos breves entre dos personas.
Oirás cada diálogo dos veces. Después, marca la opción correcta (a, b, c, d)

Diálogo 1.

a)

b)

c)

d)

Diálogo 2.

a)

b)

c)

d)

Diálogo 3.

a)

b)

c)

d)

Diálogo 4.

a)

b)

c)

d)

Diálogo 5.

a)

b)

c)

d)

Tarea 2. 🔊⁶⁷

A continuación escucharás cinco textos muy breves. Los oirás dos veces seguidas. Relaciona los textos con las imágenes. Marca la opción correcta. Hay tres imágenes que no debes seleccionar.

(6) Texto 1:	
(7) Texto 2:	
(8) Texto 3:	
(9) Texto 4:	
(10) Texto 5:	

a)

b)

c)

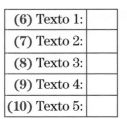

d)

e)

f)

g)

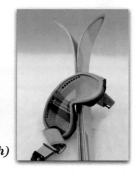
h)

Tarea 3. 🔊⁶⁸

Vas a escuchar a Chantal describir a los miembros de la familia española con la que vive. Cada audición se repite dos veces. Relaciona a cada persona con una letra. Hay tres letras que no se pueden seleccionar.

11. Roberto, el padre
12. Teresa, la hija
13. Jorge, el novio de Teresa
14. Gonzalo, el hijo
15. Natalia, la novia de Gonzalo
16. La madre de Roberto
17. Miguel, hermano mayor de Roberto
18. Pepa, hermana menor de Roberto

a) es morena.
b) es encantadora.
c) es generoso.
d) estudia en una guardería.
e) es peluquera.
f) no come carne.
g) es demasiado joven.
h) trabaja mucho.
i) es ecologista.
j) limpia mucho.
k) tiene 28 años.

Tarea 4. 🔊⁶⁹

Marta ha encontrado un buen trabajo en Boston y está encantada. Ha decidido llamar a Chantal para hablar con ella. Completa el texto con la información que falta. La audición se escucha tres veces.

19. La oficina está en el _____ de Boston.

20. La oficina tiene _____ muebles.

21. Desde la ventana se ve la parte _____ de la ciudad.

22. El horario no _____ mucho.

23. Su compañero favorito es Rosendo, es de _____.

24. La cafetería está en la _____.

25. Para ir al trabajo toma el autobús _____.

3. Prueba de expresión y de interacción escritas — *Duración: 25 minutos*

La prueba de expresión e interacción escritas contiene 2 tareas.

Tarea 1.

Quieres quedarte en España y necesitas trabajar. Crees que el trabajo de *au pair* es bueno. Has encontrado en Internet una organización que busca gente como tú. Rellena el impreso.

Quien busca encuentra
Organización de trabajo au pair *en España*

HOJA DE INSCRIPCIÓN

NOMBRE: _____ APELLIDOS: _____

DNI o PASPORTE: _____

DIRECCIÓN: _____

POBLACIÓN: _____ TELÉFONO: _____

CORREO ELECTRÓNICO: _____

FECHA DE NACIMIENTO: _____ SEXO: M___ F___

PROFESIÓN: _____

CARNÉ DE CONDUCIR: SÍ   NO

SABE NADAR PERFECTAMENTE: SÍ   NO

¿CÓMO ERES?: *(Describe tu aspecto físico, tus gustos y tu carácter)*

_____
_____
_____
_____

TIPO DE FAMILIA: *(Explica cómo es la familia 'ideal' para trabajar de* au pair*)*

_____
_____
_____
_____

PERIODO EN QUE QUIERES TRABAJAR: *(Ejemplo: dos meses en otoño)*

_____
_____

LUGAR PARA TRABAJAR EN ESPAÑA: *(Ejemplo: en una ciudad pequeña en el centro de España)*

_____
_____

Tarea 2.

Tienes dinero ahorrado y quieres ir a pasar tus vacaciones a Asturias. Quieres alquilar una casa en el campo para las dos últimas semanas de junio, pero la casa es para cinco personas.

Escribe un anuncio en Internet en «*COMPARTIR VACACIONES*» y explica:
- Todo sobre la casa
- El precio

(Entre 25 y 30 palabras)

_____
_____
_____
_____
_____
_____
_____
_____
_____
_____
_____
_____

4. Prueba de expresión y de interacción orales

(Tienes 10 minutos para prepararlo)

Tarea 1.

Presentación personal del estudiante

Debes presentarte durante un minuto o dos.

Puedes hablar sobre:
Tu identidad.
Tu nacionalidad.
Tus estudios o tu trabajo.
Los idiomas que hablas.

Tarea 2.

Exposición de un tema

Duración: dos o tres minutos.

Elige uno de estos temas:
Tus aficiones.
Tu familia.
Un día normal en tu vida.
Tu trabajo o tus estudios.
El lugar donde vives.

Tarea 3.

Conversación con tu profesor/a sobre tu presentación y tu tema.

Tarea 4.

Duración: tres minutos.
Por favor, mira las láminas y contesta o pregunta.

Lámina 1

Pregunta: Buenos días, ¿qué va a tomar?
Respuesta: _____

Lámina 2

Pregunta: _____
Respuesta: A las 7:00.

Lámina 3

ZARAGOZA - SANTIAGO DE COMPOSTELA		
DIA	SALIDA	LLEGADA
Lunes	08:15	10:00
Martes	19:15	21:00
Miércoles	19:45	21:30
Jueves	19:15	21:00

SANTIAGO DE COMPOSTELA - ZARAGOZA		
DIA	SALIDA	LLEGADA
Lunes	07:00	08:45
Martes	17:30	19:15
Miércoles	09:00	10:45
Jueves	16:30	18:15

Pregunta: ¿ _____ ?
Respuesta: El miércoles, a las 10:45.

Lámina 4

Pregunta: ¿Con qué frecuencia haces esta acción?
Respuesta: _____

Apéndice gramatical

El artículo.

Determinado	Indeterminado	Contracción del artículo
EL LA LOS LAS	UN UNA UNOS UNAS	A + EL = AL DE + EL = DEL

Masculino y femenino. Singular y plural.

Masculino	Femenino
-o italian**o**	**-a** italian**a**
-consonante españo**l**	**+a** español**a**
-e canadiens**e**	
-a turist**a**	
-í iran**í**	

Singular	Plural
-vocal inteligent**e**	**+s** inteligente**s**
-consonante relo**j**	**+es** reloj**es**
-í iran**í**	**+es** iran**íes**
-z lápi**z**	**-ces** lápi**ces**
-s lun**es**	

Números.

0	cero	20	veinte	40	cuarenta	100	cien
1	uno	21	veintiuno	41	cuarenta y uno	101	ciento uno
2	dos	22	veintidós	42	cuarenta y dos	112	ciento doce
3	tres	23	veintitrés	43	cuarenta y tres	123	ciento veintitrés
4	cuatro	24	veinticuatro	44	cuarenta y cuatro	134	ciento treinta y cuatro
5	cinco	25	veinticinco	45	cuarenta y cinco	145	ciento cuarenta y cinco
6	seis	26	veintiséis	46	cuarenta y seis	156	ciento cincuenta y seis
7	siete	27	veintisiete	47	cuarenta y siete	167	ciento sesenta y siete
8	ocho	28	veintiocho	48	cuarenta y ocho	178	ciento setenta y ocho
9	nueve	29	veintinueve	49	cuarenta y nueve	189	ciento ochenta y nueve
10	diez	30	treinta	50	cincuenta	200	doscientos/as
11	once	31	treinta y uno	51	cincuenta y uno	300	trescientos/as
12	doce	32	treinta y dos	60	sesenta	400	cuatrocientos/as
13	trece	33	treinta y tres	62	sesenta y dos	500	quinientos/as
14	catorce	34	treinta y cuatro	70	setenta	600	seiscientos/as
15	quince	35	treinta y cinco	73	setenta y tres	700	setecientos/as
16	dieciséis	36	treinta y seis	80	ochenta	800	ochocientos/as
17	diecisiete	37	treinta y siete	84	ochenta y cuatro	900	novecientos/as
18	dieciocho	38	treinta y ocho	90	noventa	1000	mil
19	diecinueve	39	treinta y nueve	95	noventa y cinco	1001	mil uno

Demostrativos.

Este	Ese	Aquel
Esta	Esa	Aquella
Estos	Esos	Aquellos
Estas	Esas	Aquellas

Adverbios relacionados.

| AQUÍ | AHÍ | ALLÍ |

Posesivos.

Masculino singular	Femenino singular	Masculino plural	Femenino plural
mi	mi	mis	mis
tu	tu	tus	tus
su	su	sus	sus
nuestro	nuestra	nuestros	nuestras
vuestro	vuestra	vuestros	vuestras
su	su	sus	sus

Mucho y Muy.

Mucho/a/os/as + sustantivo
Verbo + **mucho**
Muy + adjetivo
Muy + adverbio

Indefinidos.

algún / alguna	ningún / ninguna	mucho/a
todo/a	todos/as	muchos/as
algunos/as	nadie	poco/a
alguien	nada	pocos/as
algo		

Algo de + nombre incontable
Nada de + nombre incontable

Poco y *mucho* son adverbios de cantidad.

Interrogativos.

a. Para identificar: ¿QUIÉN?
● ¿**Quién** es la directora de la escuela?
▼ Es Marta García.

Para expresar la posesión: ¿DE QUIÉN?
● ¿**De quién** son las llaves?
▼ Son del portero.

b. Para hacer preguntas generales: ¿QUÉ?
● ¿**Qué** desayunas normalmente?
▼ Desayuno café con leche y un bocadillo.

Para preguntar sobre la profesión: ¿QUÉ?
● ¿**Qué** eres?
▼ Soy dentista.

Para preguntar sobre el color: ¿DE QUÉ?
● ¿**De qué** color son las gafas de Pilar?
▼ Son azules.

Para preguntar sobre la hora de las acciones: ¿A QUÉ HORA?
● ¿**A qué hora** cenan?
▼ Cenamos a las 21:00 (las nueve).

d. Para preguntar sobre el lugar: ¿DÓNDE?
● ¿**Dónde** cenas?
▼ Normalmente ceno en casa.

Para preguntar sobre la nacionalidad y el origen: ¿DE DÓNDE?
● ¿**De dónde** eres?
▼ Soy de Cuenca.

c. Para describir: ¿CÓMO?
● ¿**Cómo** es Carlos?
▼ Es joven, moreno y simpático.

Para preguntar sobre el modo:
● ¿**Cómo** viajas?
▼ Viajo en tren.

e. Para preguntar sobre el tiempo: ¿CUÁNDO?
● ¿**Cuándo** terminan las clases?
▼ Terminan a las 14:00 (dos).

f. Para seleccionar: ¿CUÁL?
● ¿**Cuál** es tu día favorito?
▼ El viernes.
● ¿**Cuál** es la capital de Hungría?
▼ Budapest.

Preposiciones.

<table>
<tr><td>

Usos de A:
- marcar las horas a las que se hacen las acciones:
  - ● *Como **a** la una (13:00).*
  - ▼ *Pues yo como **a** las tres (15:00).*
- indicar la dirección:
  - *Voy **al** cine casi todos los sábados.*
- acompañar verbos que indican movimiento y expresan la dirección:
  - *Hoy he venido **a** clase en autobús.*
  - *He salido **a** la terraza para ver el mar.*

Usos de EN:
- años, estaciones, meses:
  - *Estamos **en** primavera.*
  - *Héctor ha nacido **en** febrero.*
- los medios de transporte:
  - *Prefiero viajar **en** tren.*
  - *Ir **en** metro es muy rápido.*

Usos de DE:
- indicar procedencia (movimiento):
  - *Salgo **de** casa muy temprano.*
  - *Venimos **del** cine.*
- indicar periodo de tiempo, unida a la preposición **a**:
  - *Trabajo **de** ocho a tres.*
- señalar el material de un objeto:
  - *El libro es **de** papel, la mesa **de** madera y aquel juguete es **de** plástico.*

</td><td>

Usos de POR:
- indicar movimiento a lo largo de un espacio:
  - *He viajado **por** todo el país.*
  - *Ha ido a pasear **por** la playa.*
- preguntar la causa de algo:
  - ● *¿**Por** qué te gusta estudiar español?*
  - ▼ *Porque es la segunda lengua de uso internacional.*

Usos de CON:
- señalar compañía:
  - *Estoy **con** mis amigos en la playa.*
- indicar el acompañamiento (en sentido figurado):
  - *Hoy he comido huevos fritos **con** chorizo.*
  - *Me gusta mucho el vino **con** gaseosa.*

Usos de SIN:
La preposición SIN expresa lo contrario de CON:
- Sin compañía:
  - *Fui al cine solo, **sin** mis amigos.*
- Sin acompañamiento:
  - *Yo prefiero el vino **sin** gaseosa y los huevos solos, **sin** chorizo.*

</td></tr>
</table>

Adverbios.

pronto / temprano	siempre	después
bastante	tarde	nunca
poco	deprisa	antes
nada	despacio	ahora

Locuciones adverbiales.

encima de	a la derecha de
al lado de	a la izquierda de
junto a	al fondo de
detrás de	debajo de
delante de	

Preposiciones.

en
sobre
entre

La comparación.

Más	+ sustantivo + adjetivo + adverbio	+ **que**	*Juan tiene **más** pelo **que** Alfonso.* *Marta es **más** fuerte **que** Gloria.* *Nosotros vivimos **más** lejos **que** ustedes.*
Verbo	+ **más que**		*Yo desayuno **más que** los alumnos.*

Menos	+ sustantivo + adjetivo + adverbio	+ **que**	*Alfonso tiene **menos** pelo **que** Juan.* *Gloria es **menos** fuerte **que** Marta.* *Ustedes viven **menos** lejos **que** nosotros.*
Verbo	+ **menos que**		*Los estudiantes desayunan **menos que** yo.*

Tan	+ adjetivo adverbio	+ **como**	*Es **tan** moreno **como** su hermana.* *Vive **tan** lejos **como** yo.*

Tanto/a/os/as + sustantivo + **como**   *Tienen **tantos** problemas **como** nosotros.*

Verbo   + **tanto como**   *Duermo **tanto como** tú.*

Otros comparativos

Más bueno = **MEJOR**   Más grande, de más edad = **MAYOR**

Más malo = **PEOR**   Más pequeño, de menos edad = **MENOR**

Pronombres personales sujeto.

SINGULAR	1.ª persona yo 2.ª persona tú 3.ª persona él / ella / usted	**Informal** tú vosotros/as
PLURAL	1.ª persona nosotros / nosotras 2.ª persona vosotros / vosotras 3.ª persona ellos / ellas / ustedes	**Formal** usted ustedes

Objeto directo	Objeto indirecto	Reflexivo
me	me	me
te	te	te
lo / la	le	se
nos	nos	nos
os	os	os
los / las	les	se

Presente irregular de...

	SER	ESTAR	IR
yo	soy	estoy	voy
tú	eres	estás	vas
él / ella /usted	es	está	va
nosotros/as	somos	estamos	vamos
vosotros/as	sois	estáis	vais
ellos / ellas / ustedes	son	están	van

Presentes regulares.

	ESTUDI-AR	COM-ER	VIV-IR
yo	estudi**o**	com**o**	viv**o**
tú	estudi**as**	com**es**	viv**es**
él / ella / usted	estudi**a**	com**e**	viv**e**
nosotros / nosotras	estudi**amos**	com**emos**	viv**imos**
vosotros / vosotras	estudi**áis**	com**éis**	viv**ís**
ellos / ellas / ustedes	estudi**an**	com**en**	viv**en**

A. Verbos con cambio O > UE.

	RECORD-AR	VOLV-ER	DORM-IR
yo	rec**ue**rdo	v**ue**lvo	d**ue**rmo
tú	rec**ue**rdas	v**ue**lves	d**ue**rmes
él / ella / usted	rec**ue**rda	v**ue**lve	d**ue**rme
nosotros / nosotras	recordamos	volvemos	dormimos
vosotros/vosotras	recordáis	volvéis	dormís
ellos / ellas / ustedes	rec**ue**rdan	v**ue**lven	d**ue**rmen

B. Verbos con cambio E > IE.

	EMPEZ-AR	QUER-ER	PREFER-IR
yo	emp**ie**zo	qu**ie**ro	pref**ie**ro
tú	emp**ie**zas	qu**ie**res	pref**ie**res
él / ella / usted	emp**ie**za	qu**ie**re	pref**ie**re
nosotros / nosotras	empezamos	queremos	preferimos
vosotros / vosotras	empezáis	queréis	preferís
ellos / ellas / ustedes	emp**ie**zan	qu**ie**ren	pref**ie**ren

C. Verbos con cambio UI > UY.

	CONSTRU-IR
yo	contru**y**o
tú	constru**y**es
usted	constru**y**e
nosotros / nosotras	construimos
vosotros / vosotras	construís
ellos / ellas / ustedes	constru**y**en

D. Verbos con cambio E > I.

	PED-IR
yo	p**i**do
tú	p**i**des
él / ella / usted	p**i**de
nosotros / nosotras	pedimos
vosotros / vosotras	pedís
ellos / ellas / ustedes	p**i**den

E. Verbo con cambio U > UE.

	JUG-AR
yo	j**ue**go
tú	j**ue**gas
él / ella / usted	j**ue**ga
nosotros / nosotras	jugamos
vosotros / vosotras	jugáis
ellos / ellas / ustedes	j**ue**gan

F. Verbos con cambio en primera persona.

	HAC-ER	SAL-IR	PON-ER	TRA-ER
yo	ha**go**	sal**go**	pon**go**	trai**go**
tú	haces	sales	pones	traes
él / ella / usted	hace	sale	pone	trae
nosotros / nosotras	hacemos	salimos	ponemos	traemos
vosotros / vosotras	hacéis	salís	ponéis	traéis
ellos / ellas / ustedes	hacen	salen	ponen	traen

	DA-R	CONOC-ER	SAB-ER
yo	d**oy**	cono**z**co	s**é**
tú	das	conoces	sabes
él / ella / usted	da	conoce	sabe
nosotros / nosotras	damos	conocemos	sabemos
vosotros / vosotras	dais	conocéis	sabéis
ellos / ellas / ustedes	dan	conocen	saben

G. Verbos con dos irregularidades.

	TEN-ER	VEN-IR	OÍR	DEC-IR
yo	ten**go**	ven**go**	oi**go**	di**go**
tú	ti**e**nes	vi**e**nes	o**y**es	dices
él / ella / usted	ti**e**ne	viene	o**y**e	dice
nosotros / nosotras	tenemos	venimos	oímos	decimos
vosotros / vosotras	tenéis	venís	oís	decís
ellos / ellas / ustedes	ti**e**nen	vi**e**nen	o**y**en	dicen

Pronombre de o. indirecto + presente del verbo *gustar*.

Me Te Le Nos Os Les	+ *gusta*	+ una cosa + infinitivo + una persona
Me Te Le Nos Os Les	+ *gust**an***	+ varias cosas + varias personas

Colocación de los pronombres.

Los pronombres se colocan:
1. Delante del verbo conjugado.
2. Detrás del infinitivo o del gerundio.
3. Detrás del imperativo afirmativo.

Verbos reflexivos.

		LAVARSE
yo	me	lav**o**
tú	te	lav**as**
él / ella / usted	se	lav**a**
nosotros / nosotras	nos	lav**amos**
vosotros / vosotras	os	lav**áis**
ellos / ellas / ustedes	se	lav**an**

Pretérito perfecto.

yo	he		-ar	-ado	compr**ado**
tú	has				
él / ella / usted	ha	+ PARTICIPIO:	-er	-ido	com**ido**
nosotros / nosotras	hemos				
vosotros / vosotras	habéis		-ir	-ido	viv**ido**
ellos / ellas / ustedes	han				

Participios irregulares.

Hacer	**hecho**	Decir	**dicho**
Poner	**puesto**	Volver	**vuelto**
Escribir	**escrito**	Ver	**visto**
Abrir	**abierto**	Descubrir	**descubierto**
Romper	**roto**	Poner	**puesto**
Morir	**muerto**		

Perífrasis.

1. Para expresar futuro (ir + a + infinitivo)

yo	voy
tú	vas
él / ella / usted	va + **a** + infinitivo
nosotros / nosotras	vamos
vosotros / vosotras	vais
ellos / ellas / ustedes	van

2. Para expresar obligación (tener que + infinitivo)

yo	tengo
tú	tienes
él / ella / usted	tiene + **que** + infinitivo
nosotros / nosotras	tenemos
vosotros / vosotras	tenéis
ellos / ellas / ustedes	tienen

Glosario

a (U9)
a pie (U6)
a veces (U4)
abierto / abierta (U9)
el abogado / la abogada (U1) (U6)
el abrigo (U6)
abrir (U2)
el abuelo / la abuela (U4)
aburrirse (U6)
acabar (U2)
el aceite (U6)
acostarse (U6)
el actor / la actriz (U1)
la actualidad (U8)
actuar (U2)
adiós (U preliminar)
el adverbio (U3)
el aeropuerto (U8)
afeitarse (U6)
aficionado / aficionada (U7)
la afirmación (U7)
afortunadamente (U8)
la agencia (U7)
la agencia de viajes (U8)
agosto (U5)
agradable (U1)
ahí (U3)
ahora (U7)
el ajo (U8)
al (U2)
al fondo (U3)
al lado (U3)
el alcohol (U7)
alemán / alemana (U1)
la alfombra (U3)
algo (U9)
alguien (U9)
algún / alguna (U9)
alguno (U9)
la alimentación (U8)
el alma (U7)
almorzar (U5)
alto / alta (U1)
allí (U3)
el ama de casa (U4)
amable (Repaso123)
el amante / la amante (U4)
amarillo / amarilla (U3)

americano / americana (U1)
el amigo / la amiga (U4)
el animal (U8)
anterior (U8)
antiguo / antigua (U1)
antipático / antipática (U1)
el año (U4)
apagar (U2)
el aparcamiento (U6)
el apellido (U4)
apetecer (U7)
aprender (U6)
aquel (U6)
aquí (U3)
el archipiélago (U3)
argentino / argentina (U1)
la arquitectura (U4)
el arroz (U8)
el arte (U7)
el artista / la artista (U6)
la aspirina (U7)
el astronauta / la astronauta (U1)
el atleta / la atleta (U1)
el atletismo (U7)
australiano / australiana (U1)
el autobús (U2) (U4)
el autocar (U6)
la autopista (U5)
la autovía (U5)
avanzar (U6)
el avión (U4)
el bailaor / la bailaora (U7)
bailar (U2) (U4)
bajar (U2)
bajo / baja (U1)
bajo cero (U7
el balcón (U3)
el baloncesto (U7)
el balonmano (U7)
el banco (U2)
la bandera (U1)
bañarse (U6)
el baño (U6)
barato / barata (U1)
la barca (U6)
bastante (U7)
beber (U2)
la bebida (U4)

la bebida alcohólica (U8)
belga (U1)
el beso (U5)
la biblioteca (U2)
bien (U preliminar)
bienvenido / bienvenida (U preliminar)
el billete (U8)
la biología (U4)
la blusa (U6)
la boca (U9)
el bocadillo (U4)
el bolígrafo (U1)
la bolsa (U3)
el bolso (U2)
bonito / bonita (U1)
el bonobús (U4)
el borrador (U3)
borrar (U2)
el boxeo (U8)
brasileño / brasileña (U1)
el brazo (U9)
breve (U5)
buenas noches (U preliminar)
buenas tardes (U preliminar)
bueno / buena (U1)
buenos días (U preliminar)
la bufanda (U6)
la cabeza (U9)
el cacao (U8)
el café (U2)
la cafetería (U2)
los calcetines (U6)
el calor (U4)
caluroso / calurosa (U7)
calvo / calva (U7)
la calle (U2)
la cama (U4)
el camarero / la camarera (U1)
cambiar (U8)
la camisa (U6)
la camiseta (U6)
el camisón (U6)
el campeón / la campeona (U7)
el campo (U5)
el cantante / la cantante (U1)
cantar (U2)
la cantidad (U5)
canto (U2)

la capital (U1)
la cara (U9)
el cardinal (U3)
la carne (U7)
el carné (U4)
    caro / cara (U1)
la carpeta (U3)
la carta (U4)
la casa (U2)
    casado / casada (U4)
el castillo (U6)
la catástrofe (U9)
la catedral (U4)
    catorce (U2)
la causa (U9)
la cebolla (U8)
    celebrar (U5)
el cementerio (U5)
    cenar (U2)
el centro (U2)
el cepillo de dientes (U6)
el cepillo de pelo (U6)
    cerca (U3)
el cerdo (U8)
los cereales (U8)
    cero (U preliminar)
    cerrar (U5)
la cerveza (U7)
el ciclismo (U7)
el cielo (U5) (U7)
    cien (U6)
la ciencia ficción (U7)
el científico / la científica (U7)
    ciento (U6)
    cinco (U preliminar)
    cincuenta (U3)
el cine (U2)
el cinturón (U6)
la ciudad (U2)
    claro / clara (U8)
la clase (U2)
el cliente / la clienta (U6)
el clima (U7)
la cocina (U8)
el cocinero / la cocinera (Repaso123)
el codo (U9)
    coger (U2)
la coincidencia (U6)
    colaborar (U2)
el colegio (U2)
la coliflor (U8)
    colombiano / colombiana (U1)

el color (U1)
el comedor (U8)
    comercial (U6)
el comercio justo (U6)
la comida (U4)
    cómo (U2)
    cómodo / cómoda (U6)
el compañero / la compañera (Repaso123)
la compañía (U9)
    compatible (U7)
    completar (U preliminar)
    comprar (U2)
    comprender (U2)
la comunidad autónoma (U3)
    con (U9)
el concierto (U9)
la conclusión (U6)
    conducir (U4)
    conocer (U4)
    conseguir (U5)
    construir (U5)
    consumir (U8)
    consumista (U6)
    contar (U5)
    contento / contenta (U4)
    contestar (U preliminar)
el continente (U2)
el corazón (U8)
la corbata (U6)
el corcho (U5)
el cordero (U8)
    coreano / coreana (U6)
el correo electrónico (U2)
la corrida de toros (U8)
el cortaúñas (U6)
la cosmética (U6)
    costar (U5)
    creer (U2)
    cruel (U8)
el cuaderno (U1)
    cuadrado / cuadrada (U1)
el cuadro (U3)
    cuál (U2)
    cuándo (U2)
    cuarenta (U3)
    cuarto / cuarta (U3)
el cuarto de baño (U8)
    cuatro (U preliminar)
    cuatrocientos (U6)
la cuchilla de afeitar (U6)
el cuello (U9)
    cuidadoso / cuidadosa (U6)

el cumpleaños (U8)
el curso (U5)
el champú (U6)
    chao (U preliminar)
    charlar (U6)
    chatear (U6)
el chico / la chica (U3)
    chileno / chilena (U1)
    chino / china (U1)
el chocolate (U8)
    de (U9)
    de nada (U preliminar)
    debajo (U3)
los deberes (U6)
    dedicarse (U1)
el dedo (U9)
    del (U2)
    deletrear (U2)
    delgado / delgada (U1)
el dentífrico (U6)
el dentista / la dentista (U2)
    depende (U5)
    depilarse (U6)
el deporte (U2)
el deportista / la deportista (U1)
    deprisa (U7)
la derecha (U3)
    derecho / derecha (U8)
    desayunar (U2)
    describir (U2) (U4)
la descripción (U4)
    descubierto / descubierta (U9)
    despacio (U5)
el despacho (U4)
    despedir (U5)
    despedirse (U preliminar)
    despertarse (U6)
    despistado / despistada (U5)
    después (U7)
el destino (U3)
    detrás (U3)
el día (U2)
el dibujante (U2)
el diccionario (U2)
    diciembre (U5)
    dicho / dicha (U9)
    diecinueve (U2)
    dieciocho (U2)
    dieciséis (U2)
    diecisiete (U2)
el diente (U6)
    dieta (U8)

diez (U preliminar)
diferente (U5)
el dinero (U3)
la dirección (U2)
el director / la directora (U4)
la discoteca (U2) (U6)
distinto / distinta (U6)
la divergencia (U6)
divertirse (U6)
divorciado / divorciada (U4)
el divorcio (U8)
doce (U2)
doler (U7)
el domingo (U2)
el donante / la donante (U9)
dónde (U2)
el dopaje (U7)
dormir (U5)
dos (U preliminar)
doscientos (U6)
ducharse (U6)
el dulce (U8)
el DVD (U3)
el ecologista / la ecologista (U1)
el economista / la economista (U1)
la edad (U2)
la educación (U7)
él (U1)
elegir (U5)
ella (U1)
ellos (U1)
el embarque (U3)
empezar (U5)
el empleado / la empleada (U5)
la empresa (U4)
en (U3)
en punto (U2)
encantado / encantada (U1)
encantar (U7)
encender (U5)
encontrar (U5)
enero (U5)
la enfermedad (U8)
enfrente (U3)
la ensalada (U8)
entender (U5)
la entrada (U6)
entrar (U2)
entre (U3)
la entrevista (U6)
el envase (U6)
la epidemia (U9)

esa (U4)
escribir (U preliminar)
escrito / escrita (U9)
el escritor / la escritora (U1)
escuchar (U2) (U preliminar)
la escuela (U3)
el escultor / la escultora (U1)
ese (U6)
el espacio (U9)
la espalda (U7)
la espera (U9)
esperar (U6)
esquiar (U4)
estación (U4)
el estado civil (U4)
estadounidense (U1)
el estanco (U3)
la estatura (U8)
el este (U3)
la estrella (U5)
estudiar (U2)
la estudio (U8)
estupendo / estupenda (U6)
el examen (U9)
la exposición (U7)
la falda (U6)
falso / falsa (U3)
la familia (U4)
famoso / famosa (U7)
la farmacia (U2)
febrero (U5)
la felicidad (U6)
feliz (U6)
feo / fea (U1)
la fiesta (U4)
el fin de semana (U4)
la final (U6)
fino / fina (U6)
el físico (U4)
el flamenco (U4)
la flauta (U6)
la flor (U5)
formal (U5)
la foto (U3)
el fotógrafo / la fotógrafa (U1)
francés / francesa (U1)
la fresa (U8)
fresco / fresca (U6)
el frío (U4)
la fruta (U6)
el fruto (U8)
la fuente (U3)

fumar (U5)
el futbolista / la futbolista (U1)
las gafas (U5)
las galletas (U8)
la gamba (U8)
la gasolina (U8)
el gazpacho (U8)
el gel de baño (U6)
el gimnasio (U9)
el golf (U7)
la goma (U3)
gordo / gorda (U1) (U7)
gracias (U preliminar)
el grado (U7)
grande (U1)
el grupo (U preliminar)
el guacamole (U9)
los guantes (U6)
guapo / guapa (U1)
la guitarra (U2)
gustar (U7)
el habitante (U3)
hablar (U preliminar)
el hambre (U4)
hasta luego (U preliminar)
hasta mañana (U preliminar)
hay (U3)
hecho / hecha (U9)
el hemisferio (U5)
el hermano / la hermana (U4)
el hijo / la hija (U3)
la historia (U2)
hola (U preliminar)
el hombro (U9)
el horario (U4)
horrible (U9)
el hostal (U5)
hoy (U9)
identificar (U2)
el idioma (U4)
la iglesia (U4)
implantar (U9)
importante (U6)
imposible (U9)
imprescindible (U6)
incómodo / incómoda (U6)
incontable (U9)
increíble (U5)
indio / india (U1)
la información (U4)
la informática (U4)
el ingeniero / la ingeniera (U5)

inmediatamente (U6)
el inodoro (U6)
el insecto (U8)
la instalación (U9)
el instituto (U2)
la instrucción (U preliminar)
el instrumento (U2)
inteligente (U5)
interesar (U7)
el invierno (U7)
irregular (U3)
izquierdo / izquierda (U3)
el jabón (U6)
el jamón (U8)
japonés / japonesa (Repaso 123)
el jardinero / la jardinera (U1)
el jersey (U6)
joven (U1) (U6)
el jueves (U2)
jugar (U5)
julio (U5)
junio (U5)
la junta (U5)
keniata (U1)
el kilo (U8)
el kilómetro (U6)
la lámpara (U3)
la lana (U6)
el lápiz (U1)
el lavabo (U6)
la lavadora (U8)
lavarse (U6)
la leche (U2)
la lechuga (U8)
leer (U preliminar)
lejos (U5)
la lengua (U3)
el lenguado (U8)
levantarse (U6)
la librería (U3) (U5)
el libro (U3)
limpiar (U4)
la lista (U9)
lo siento (U preliminar)
localizar (U3)
la loción (U8)
la lotería (U5)
el lugar (U2)
la luna (U5)
el lunes (U2)
la luz (U5)
la llamada (U9)

llamarse (U1)
la llave (U1)
llover (U7)
la madre (U4)
mal (U preliminar) (U5)
la maleta (U8)
malo / mala (U1)
la mano (U9)
la manzana (U8)
la mañana (U4)
el mapa (U preliminar)
maquillarse (U6)
la mar (U5)
maravilloso / maravillosa (U5)
la marca (U6)
marchar (U6)
la margarina (U8)
la margarita (U9)
el marido (U5)
el marisco (U8)
marroquí (U1)
el martes (U2)
marzo (U5)
más (U3)
las matemáticas (U7)
el material (U9)
mayo (U5)
la mayonesa (U4)
mayor (U1) (U8)
el mecánico / la mecánica (U1)
la medianoche (U5)
las medias (U6)
el medicamento (U2)
el médico / la médica (U1)
medio / media (U8)
el mediodía (U4)
el mejillón (U8)
mejor (U8)
el melocotón (U8)
el melón (U8)
menor (U8)
menos (U2)
el mensaje (U3)
mentir (U9)
el mercado (U2)
la mermelada (U8)
la mesa (U3)
mexicano / mexicana (U2)
el miércoles (U2)
mil (U6)
la moda (U2)
el modelo / la modelo (U1)

modernizar (U9)
moderno / moderna (U1)
el modo (U2)
molestar (U7)
el momento (U6)
la montaña (U5)
el monte (U3)
el montón (U9)
moreno / morena (U1)
morir (U5)
la moto (U7)
el móvil (U9)
el movimiento (U9)
mucho (U5)
muerto / muerta (U5)
el mundo (U2)
la muñeca (U9)
el museo (U3)
la música (U2)
el músico (U2)
musulmán / musulmana (U8)
muy (U5)
nacer (U7)
la nacionalidad (U2)
nada (U7)
el nadador / la nadadora (U1)
nadar (U2)
la naranja (U5)
la nariz (U9)
la nata (U8)
la natación (U2)
natural (U5)
la Navidad (U8)
la necesidad (U8)
necesitado / necesitada (U9)
necesitar (U2)
los nervios (U4)
nevar (U7)
ni idea (U4)
la niebla (U7)
ningún (U9)
ninguno (U9)
el nivel (del mar) (U6)
la noche (U4)
la Nochebuena (U5)
el nombre (U preliminar)
normalmente (U2)
el norte (U3)
nosotros (U1)
la noticia (U6)
novecientos (U6)
noventa (U6)

noviembre (U5)

el novio / la novia (U4)

nublado / nublada (U7)

nueve (U preliminar)

nuevo / nueva (U1)

nunca (U4)

la obra (U2)

octubre (U5)

ochenta (U6)

ocho (U preliminar)

ochocientos (U6)

odiar (U7)

el oeste (U3)

el oficial (U3)

la oficina (U2)

ofrecer (U4)

el ojo (U9)

la oliva (U8)

el olivo (U8)

el ombligo (U9)

once (U2)

operar (U9)

el ordenador (U6)

ordenar (U preliminar)

la oreja (U9)

la organización (U9)

organizar (U6)

el otoño (U7)

el padre (U4)

la paella (U4)

el país (U3)

el pantalón (U6)

el papel (U3)

el paracaidismo (U9)

la parada (U4)

el paraguas (U6)

la pareja (U preliminar)

el parque (U2)

el partido (U4)

pasado mañana (U4)

el pasajero / la pasajera (U3) (U6)

el pasaporte (U8)

pasar (U7)

pasear (U4)

el paseo (U4)

el pasillo (U8)

la pasta (U8)

la pasta de dientes (U6)

la patata (U8)

la pausa (U6)

el pecho (U9)

pedir (U5)

peinarse (U6)

el peine (U6)

peligroso / peligrosa (U7)

el pelo (U6)

la peluquería (U4)

la península (U3)

pensar (U5)

peor (U8)

el pepino (U8)

pequeño / pequeña (U1)

la pera (U8)

perdón (U preliminar)

el perfume (U2)

el periódico (U2)

el periodista / la periodista (U1)

el periodo (U9)

el permiso (U5)

el pescado (U7)

pescar (U6)

el pie (U9)

la pierna (U7)

el pijama (U6)

el piloto / la piloto (U1)

el pimiento (U8)

el pintor / la pintora (U1)

la piscina (U2)

el piso (U7)

la pizarra (U3)

el plan (U9)

el plátano (U8)

la playa (U4)

la plaza (U3)

pobre (U1)

poco (U7)

poder (U5)

polaco / polaca (U1)

el policía / la policía (U1)

la política (U2)

el pollo (U8)

poner (U4)

por (U9)

por favor (U preliminar)

por supuesto (U5)

el porcentaje (U6)

la posesión (U2)

practicar (U7)

precioso / preciosa (Repaso123)

precocinado / precocinada (U8)

preferentemente (U8)

preferir (U5)

preguntar (U preliminar)

el premio (U5)

preparar (U4)

la primavera (U7)

primero / primera (U3)

la prisa (U4)

el problema (U4)

la procedencia (U9)

el productor (U8)

la profesión (U2)

el profesor / la profesora (U1)

prohibido / prohibida (U5)

pronto (U5)

pronunciar (U2)

proponer (U9)

el prospecto (U9)

proteger (U8)

el psicólogo / la psicóloga (U4)

el pueblo (U2)

el puente (U5)

la puerta (U3)

puesto / puesta (U9)

qué (U2)

qué va (U6)

querer (U5)

el queso (U6)

quién (U2)

quince (U2)

quinientos (U6)

quinto / quinta (U3)

el radiador (U4)

la radio (U2)

la raqueta (U2)

la raya (U6)

la receta (U9)

recibir (U2)

recordar (U5)

recto / recta (U3)

redondo / redonda (U1)

reducir (U9)

la regla (U3)

regresar (U4)

regular (U preliminar)

reír (U6)

la religión (U7)

repetir (U2)

la resaca (U4)

reservar (U8)

el restaurante (U2)

la revista (U5)

rico / rica (U1)

el río (U3)

la rodilla (U9)

el rollo (U7)

romper (U9)
la ropa (U6)
la ropa interior (U6)
roto / rota (U9)
rubio / rubia (U1)
el ruido (U3)
ruso / rusa (U1)
la ruta (U9)
el sábado (U2)
saber (U4)
el sacacorchos (U5)
el sacapuntas (U3)
el safari (U9)
la sal (U8)
la salida (U8)
salir (U4)
el salmón (U8)
el salón (U3)
la salud (U6)
saludar (U3)
el saludo (U preliminar)
la sandía (U8)
sano / sana (U8)
la sardina (U8)
satisfecho / satisfecha (U6)
el secador (U6)
secarse (U6)
la sed (U4)
la seda (U6)
segundo / segunda (U3)
seis (U preliminar)
seiscientos (U6)
la selección (U5)
la semana (U2)
la Semana Santa (U5)
senegalés / senegalesa (Repaso123)
sentarse (U6)
sentir (U7)
septiembre (U5)
la serie (U9)
el servicio (U5)
el servicio técnico (U8)
servir (U4)
sesenta (U6)
setenta (U6)
el sexo (U2)
siempre (U4)
siete (U preliminar)
la silla (U3)
simpático / simpática (U1)
sin (U9)
la situación (U5)

el sofá (U3)
el sol (U5)
soler (U5)
solitario / solitaria (U6)
solo / sola (U5)
soltero / soltera (U4)
soñar (U5)
suave (U7)
subir (U2)
subrayar (U preliminar)
el sudoeste (U3)
sueco / sueca (U1)
el sueldo (U8)
el sueño (U4)
la suerte (U5)
el supermercado (U2)
el sur (U3)
sustituir (U5)
el tacón (U6)
el taller (U2)
también (U6)
tampoco (U6)
el tango (U9)
la tarde (U4) (U5)
la tarea (U8)
la tarjeta (U4)
la tasa (U5)
el taxista / la taxista (U2)
el té (U5)
el teatro (U2)
la tecnología (U9)
la tele (U3)
el teléfono (U2)
la televisión (U2)
el tema (U5)
la temperatura (U7)
temprano / temprana (U7)
el tenis (U2)
tercero / tercera (U3)
terminar (U2)
la ternera (U8)
la terraza (U8)
el tiempo (U2)
la tienda (U6)
las tijeras (U4)
tinto (U3)
el tipo (U5)
la tirita (U9)
la tiza (U3)
la toalla (U6)
el tobillo (U9)
tocar (U2)

todavía (U4)
todo (U9)
tomar (U2)
el tomate (U8)
la tortilla (U8)
trabajador / trabajadora (U1)
trabajar (U2)
el trabajo (U2)
traducir (U4)
traer (U4)
el traje (U6)
tranquilo / tranquila (U4)
el transporte (U9)
trece (U2)
treinta (U3)
el tren (U4)
tres (U preliminar)
trescientos (U6)
tú (U1)
el turismo (U3)
una vez (U4)
el uniforme (U6)
la universidad (U3)
el universo (U2)
uno (U preliminar)
la uña (U9)
usted (U1)
la uva (U5)
las vacaciones (U4)
vago / vaga (U1)
el vaquero (U6)
variado / variada (U8)
el vegetal (U8)
veinte (U2)
veinticinco (U2)
veinticuatro (U2)
veintidós (U2)
veintinueve (U2)
veintiocho (U2)
veintiséis (U2)
veintisiete (U2)
veintitrés (U2)
veintiuno (U2)
la vela (U7)
el vendedor / la vendedora (U6)
vender (U2)
venezolano / venezolana (U1)
la ventana (U3)
ver (U2)
el verano (U7)
la verbena (U5)
la verdad (U7)

verdadero / verdadera (U3)
la verdura (U8)
el vestido (U6)
vestirse (U6)
viajar (U2)
viejo / vieja (U1)
el viento (U7)
el viernes (U2)
el villancico (U5)
el vino (U3) (U7)
la violencia (U7)
visitar (U9)

visto / vista (U9)
la vitamina (U8)
viudo / viuda (U4)
la vivienda (U8)
el volcán (U3)
el voleibol (U7)
voluntariamente (U9)
volver (U5)
vosotros (U1)
la voz (U2)
el vuelo (U3)
vuelto / vuelta (U9)

y cuarto (U2)
y media (U2)
yo (U1)
el yogur (U8)
la zanahoria (U8)
la zapatería (U6)
el zapato (U2)
la zona (U6)
el zoo (U9)
el zumo (U5)

Transcripciones de las audiciones

Pista 1
Actividad 1.
Alfabeto
A: amigo, ayer. **B:** botella, Bolivia. **C:** camarero, Colombia, coche, cerveza, ciudad. **Ch:** chocolate, Chile. **D:** dos, domingo. **E:** España, Ecuador. **F:** fábrica, fiesta. **G:** goma, Guatemala, gente, girasol, guitarra, Miguel. **H:** Honduras, hoy. **I:** Isabel, inteligente. **J:** jefe, jueves. **K:** kilo. **L:** literatura, lunes. **LL:** llave, lluvia. **M:** martes, mujer. **N:** Nicaragua, noche. **Ñ:** mañana, niño. **O:** oso. **P:** Perú, problema. **Q:** queso, quince. **R:** pero, tres, cuatro. **RR:** perro, Enrique, respuesta. **S:** sábado, Sevilla. **T:** té, tequila. **U:** Uruguay, uno. **V:** Venezuela, vaso. **W:** Washington. **X:** examen, excursión. **Y:** yo, ayer, rey. **Z:** zapato, zumo.

Pista 2
Actividad 1.
Bar, Bolivia, botella, beso, Venezuela, vaso, viernes, Zaragoza, zapato, cerveza, cero, cielo, ciudad, cinco, zorro, zumo, sábado, Sevilla, silencio.

Pista 3
Actividad 3.
En parejas. En grupos. Escucha. Habla. Lee. Escribe. Pregunta. Contesta. Completa. Subraya. Ordena.

Pista 4
Actividad 4.
Calle, España, guitarra, cuatro, examen, botella, Venezuela, jefe, uno, chocolate, perro, hacer, dos, excursión, girasol, Enrique, zapato, inteligente, Avance, cinco.

Pista 5
Actividad 6.
¿Qué significa...?, ¿Qué quiere decir...?, ¿Cómo se escribe...?, ¿Cómo se pronuncia...?, ¿Puede escribir en la pizarra?, ¿Puede deletrear?, ¿Cómo? No entiendo, ¿Puede repetir?

Pista 6
Actividad 7.
Hola. Buenos días. Buenas tardes. Buenas noches. Bienvenido / Bienvenida. ¿Cómo estás? Bien / Muy bien. ¿Qué tal? Mal / Regular. Hasta luego. Hasta mañana. Adiós. Chao. Por favor. Muchas gracias. De nada. Perdón / Lo siento.

Pista 7
PRETEXTO. Actividad 1.
Es Yelena Isinbayeva. Es rusa. Es atleta. Es Alexandra Ambrosio. Es brasileña. Es modelo. Es Kiran Desai. Es india. Es escritora. Es Stephanie Rice. Es australiana. Es nadadora. Es Wangari Maathai. Es keniata. Es ecologista. Es Fatema Mernissi. Es marroquí. Es escritora y profesora. Son Serena y Venus Wiliams. Son estadounidenses. Son tenistas. Es Ángeles Mastretta. Es mexicana. Es escritora. Es Patricia Durán. Es chilena. Es cantante.

Pista 8
CONTENIDOS. Actividad 1.
Soy de Buenos Aires. Soy Olga López. Eres estudiante. Eres profesora. Es inteligente. Es marroquí. Es italiana. Es de Uruguay. Somos profesores. Somos médicas. Sois simpáticos. Sois brasileños. Son niños. Son jóvenes.

Pista 9
CONTENIDOS. Actividad 2.
Polaco / polaca, alemán / alemana, francés / francesa, sueco / sueca, marroquí / marroquí, belga / belga.

Pista 10
CONTENIDOS. Actividad 6.
1. blanco / blanca. **2.** negro / negra. **3.** rojo / roja.
4. amarillo / amarilla. **5.** naranja. **6.** azul. **7.** verde.
8. marrón. **9.** rosa. **10.** gris. **11.** violeta. **12.** beige.

Pista 11
CONTENIDOS 7.
Recursos para presentarse, saludar y preguntar el origen y la profesión.
- ¿Cómo te llamas?
▼ Me llamo Hugo.
- Encantada. ¿De dónde eres?
▼ Soy de Argentina.
- ¿A qué te dedicas?
▼ Soy fotógrafo.

Pista 12
DE TODO UN POCO. Actividad 1.
A.
- Buenos días, soy Marta Navarro. ¿Es usted el Señor Ramírez?
▼ Sí, soy yo, ¿cómo está usted, Señora Navarro?
- Muy bien, gracias ¿y usted?
▼ Bien, gracias.

B.
- Hola, Joseba, ¿qué tal?
▼ Regular.
- ¿Cenamos juntos hoy?
▼ Vale, gracias.
- No hay de qué, hombre.

Pista 13
DE TODO UN POCO. Actividad 6.
Gris, 5, rojo, 6, azul, 10, verde, 4, rosa, 2.

Pista 14
DE TODO UN POCO. Actividad 7.
A.
- Buenos días. Soy Agustín Carrero.
▼ Bienvenido, señor Carrero. Soy Carmen de La Fuente. ¿Cómo está usted?
- Encantado, señora La Fuente.

B.
- Hola, Manolo, ¿qué tal?
▼ Bien. Mira, esta es Cecilia.
- Hola Cecilia. ¿Cómo estás?
◆ Muy bien.
- Tú no eres española ¿no? ¿De dónde eres?
◆ Soy argentina, de Buenos Aires.

Unidad 2: *¿Estudias o trabajas?*

Pista 15
PRETEXTO. Actividad 2.
1. Hola, me llamo Ana y estudio en el colegio «Miguel de Cervantes». **2.** Hola, me llamo Juan y estudio en el instituto «Pío Baroja». **3.** Hola, me llamo Miguel y trabajo en el taller «Todo coche». **4.** Hola, me llamo Lola y trabajo en el Banco de España. **5.** Hola, me llamo Paco y trabajo en una panadería. **6.** Buenos días, me llamo Carmen, soy jubilada y trabajo en casa y en el jardín.

Pista 16
CONTENIDOS 4. Interrogativos.
a.
- ¿Quién es la directora de la escuela?
▼ Es Marta García.

- ¿De quién son las llaves?
▼ Son del portero.

b.
- ¿Qué desayunas normalmente?
▼ Desayuno café con leche y un bocadillo.

- ¿Qué haces?
▼ Soy dentista.

- ¿De qué color son las gafas de Pilar?
▼ Son azules.

- ¿A qué hora cenan?
▼ Cenamos a las 21:00.

c.
- ¿Cómo es Carlos?
▼ Es joven, moreno y simpático.

- ¿Cómo viajas?
▼ Viajo en tren.

d.

● ¿Dónde cenas?

▼ Normalmente ceno en casa.

● ¿De dónde eres?

▼ Soy de Cuenca.

e.

● ¿Cuándo terminan las clases?

▼ Terminan a las 14:00.

f.

● ¿Cuál es tu día favorito?

▼ El viernes.

● ¿Cuál es la capital de Hungría?

▼ Budapest.

Pista 17
CONTENIDOS 5. Lugares.

la casa, la oficina, el colegio, el instituto, la biblioteca, el taller, la farmacia, el banco, el bar, el restaurante, la discoteca, el mercado, el supermercado, la piscina, la ciudad, la calle, el parque, el pueblo.

Pista 18
DE TODO UN POCO. Actividad 4.

21, 29, parque, instituto, 17, ciudad, biblioteca, 13, 26, farmacia, banco, 15, 18, bar, discoteca, 28, 14, mercado, supermercado, 20, 23, piscina, 19, calle, 22.

Pista 19
DE TODO UN POCO. Actividad 5.

● ¿Qué eres?

▼ Soy periodista.

● ¿Cómo es Valencia?

▼ Es una ciudad grande y agradable.

● Buenos días, ¿qué tal está usted?

▼ Muy bien, gracias.

● ¿Cómo se escribe ciudad?

▼ C-i-u-d-a-d.

● ¿Cómo te llamas?

▼ Susana.

Unidad 3: *Estoy en España*

Pista 20
PRETEXTO. Actividad 2.

● ¿Dónde está Valencia?

▼ Está en el este.

● ¿Dónde está San Sebastián?

▼ Está en el norte.

● ¿Dónde está Madrid?

▼ Está en el centro.

● ¿Cuántas ciudades españolas hay en África?

▼ Hay dos.

● ¿Dónde hay un volcán?

▼ En Tenerife.

Pista 21
CONTENIDOS 2.
a. Preguntar por el estado de las personas.

● Buenos días señor Goñi, ¿cómo está usted?

▼ Muy bien, gracias.

● Hola Laura, ¿cómo estás?

▼ Estoy cansada.

● Hola Carlos, ¿qué tal?

▼ Bien.

Pista 22
CONTENIDOS 2.

● ¿Dónde está la Biblioteca General?

▼ La biblioteca está en el centro histórico.

● ¿Dónde está Marta?

▼ Está en la cafetería.

● ¿Dónde está Managua?

▼ Está en Centroamérica.

Pista 23
CONTENIDOS 3.
a. Localizar.

● ¿Dónde hay un banco?

▼ En la siguiente calle a la derecha.

● ¿Dónde hay una farmacia?

▼ Hay una farmacia en la plaza.

Pista 24
CONTENIDOS 3.
b. Expresar cantidad.
● ¿Cuánto dinero hay en la caja?
▼ En la caja hay 24,30 euros.

● ¿Cuántos empleados hay en la oficina?
▼ Creo que 45.

Pista 25
CONTENIDOS 4.
a. ¿Dónde está?
Aquí. Ahí. Allí.

Pista 26
CONTENIDOS 4.
b. Los puntos cardinales.
Norte, Sur, Este, Oeste, Noreste, Noroeste, Sudeste, Sudoeste.

Pista 27
CONTENIDOS. Actividad 6.
32, 38, 44, 47, 50.

Pista 28
DE TODO UN POCO. Actividad 2.
Señores pasajeros. Les informamos de las puertas de embarque ya asignadas para los vuelos de conexión de la compañía Iberia. Iberia 4500 con destino Caracas, puerta M48. Iberia 3251 con destino Barcelona, puerta J38. Iberia 2443 con destino México DF, puerta S40. Iberia 0249 con destino Bilbao, puerta H25. Iberia 1879 con destino Sao Paulo, puerta R35.

Pista 29
DE TODO UN POCO. Actividad 4.
● Por favor, ¿para ir a la avenida de la Libertad?
▼ Es fácil, la segunda calle a la izquierda.
● Muchas gracias.

● Buenos días, ¿el despacho del señor Rosales, por favor?
▼ La primera puerta a la derecha.
● ¿Perdón?
▼ La primera puerta a la derecha.
● Muchas gracias.
▼ De nada. Adiós, buenos días.

Pista 30
DE TODO UN POCO. Actividad 5.
En mi oficina hay tres mesas. No están una junto a la otra. Una es redonda. Hay tres sillas azules. Hay un ordenador fijo y otro portátil. Hay una estantería para libros. Todo está limpio y ordenado. La ventana no es grande, es normal. Mi oficina es agradable.

Repaso Unidades 1, 2 y 3

Pista 31
Actividad 1.
Soy de Guipúzcoa. Para mi trabajo necesito buenos ingredientes. Trabajo en la cocina de mi restaurante.

Soy de Cádiz. Para mi trabajo necesito un micrófono y una buena guitarra. Los jóvenes escuchan mis canciones.

Soy de Puerto Rico. Para mi trabajo necesito comprender a mis personajes. Tengo un Óscar.

Pista 32
Actividad 8.
El perro de san Roque no tiene rabo porque Ramón Ramírez se lo ha robado.

Unidad 4: *La familia bien, gracias*

Pista 33
PRETEXTO Actividad 1.
En mi familia somos cinco personas en total.
Bueno, cuatro personas en total más un gatito.
Bueno, tres personas en total más un gatito y un bebé.

Pista 34
CONTENIDOS 9. Pedir y dar infomación.
● Perdón, ¿sabe usted dónde está la parada
 del autobús número 7?
▼ Creo que está cerca de aquí, en la primera calle
 a la derecha.
● Muchas gracias.

● Buenos días, necesito información sobre los trenes
 a Córdoba para esta tarde.
▼ Esta tarde hay dos. Uno a las 16:15 y otro a las 18:30.
● Muy amable.

● Hola, ¿sabes si Juan está en su despacho?
▼ No tengo ni idea. Lo siento.

● ¿Sabes algo de Antonio?
▼ Sí, que está de vacaciones en el Caribe.

Pista 35
DE TODO UN POCO. Actividad 4.
● ¿Sabes dónde está el cine Astoria?
▼ Sí, en la plaza de la República Argentina.

● ¿Conoces a Luis Miguel?
▼ Sí, es el novio de mi amiga Leti.

● ¿Cuánto tardas de tu casa al colegio?
▼ Cuarenta minutos.

● ¿A dónde vas?
▼ A mi casa; estoy cansado.

● ¿Cuántos años tienes?
▼ Tengo 32.

● ¿Sabes cuántos hijos tienen Carmen y Lorenzo?
▼ No.

● ¿De dónde vienes?
▼ Vengo de la farmacia.

● ¿A qué hora haces la comida?
▼ A las dos y cuarto.

● ¿A qué hora sales del trabajo?
▼ Salgo a las tres.

Pista 36
DE TODO UN POCO. Actividad 7.
Hola:
Os presento a Héctor, mi nieto. ¿Verdad que es guapo?
Estamos en Istán, un pueblo de la Sierra de las Nieves, en Málaga. La foto está tomada junto al árbol que hay en una plaza pequeña que está delante de mi casa. Héctor y yo estamos de vacaciones. Sandra y Francisco, los padres de Héctor, están en Madrid, trabajando.

Unidad 5: *De fiesta en fiesta*

Pista 37
PRETEXTO. Actividad 1.
Antigua, 28 de marzo
Querida Carmen:
Estoy en Antigua. La Semana Santa aquí es maravillosa. Hay alfombras de flores naturales de todos los colores. Es muy diferente a la Semana Santa de Valladolid.
Un abrazo y hasta pronto. José Luis

Málaga, 23 de junio
Hola, Juan:
¡Felicidades! Estoy en Málaga. Hoy es la fiesta de san Juan. Todo el mundo va a la playa por la noche.
A medianoche se encienden hogueras por todas partes y luego hay una verbena en la playa. Pienso mucho en ti.
Besos.
Marta

Janitzio, 1 de noviembre
Queridos padres:
Estamos en Janitzio. Hoy es la fiesta de Todos los Santos y mañana el día de los muertos. Aquí se celebra la fiesta de un modo diferente al de España. Es muy curioso: preparan altares increíbles y pasan todo el día y toda la noche en el cementerio sin dormir acompañando a la persona muerta.
Un abrazo para vosotros y un beso para el abuelo.
Tere y Fernando.

Pista 38
CONTENIDOS 5. Pedir, dar o no dar permiso.
● ¿Puedo fumar aquí?
▼ Sí, por supuesto.
■ Lo siento, está prohibido.

● ¿Podemos abrir la ventana?
▼ Sí, por supuesto.
■ No, hace mucho frío.

Pedir un favor:
¿Puedes hablar un poco más alto, por favor?, ¿Puede repetir, por favor?, ¿Podéis hablar un poco más bajo, por favor?, ¿Pueden ustedes cerrar la puerta?

Pista 39
DE TODO UN POCO. Actividad 4.
1. El 7 de julio es San Fermín. Durante una semana hay fiesta en Pamplona (España). Esta fiesta se llama sanfermines. Lo más importante de ella son los toros. Es una fiesta popular en todo el mundo, gracias, en parte, al escritor Ernest Hemingway.

2. La Feria de Abril se celebra durante una semana en Sevilla (España). Los caballos y los toros son muy importantes en la feria. La gente lleva el vestido típico y hay música durante toda la noche; la gente baila, come y disfruta todo el tiempo.

3. El 6 de enero los niños españoles reciben los regalos que los tres reyes magos dejan en sus zapatos.
Es la fiesta de Epifanía, pero todos los españoles dicen «los reyes». Los niños, por la mañana temprano, sonríen cuando ven sus zapatos con los regalos.

Unidad 6: *Un día normal en la vida de...*

Pista 40
PRETEXTO. Actividad 2.
Depilarse, secarse, despertarse, maquillarse, vestirse o ponerse la ropa, peinarse, afeitarse, levantarse, ducharse, bañarse, lavarse los dientes.

Pista 41
CONTENIDOS 3. El aseo diario.
El cepillo de dientes. La toalla. El secador. El cepillo de pelo. El jabón. El gel de baño. El champú. La cuchilla de afeitar. El peine. El cortaúñas. La pasta de dientes o dentífrico.

Pista 42
CONTENIDOS 7. Expresar coincidencia y divergencia.
Coincidencia
● Desayuno mucho.
▼ Yo también.

● Me levanto a las 08:00.
▼ Yo también.

● No sé hablar chino.
▼ Yo tampoco.

● No me siento bien.
▼ Yo tampoco.

Divergencia
● No sé hablar italiano.
▼ Yo sí.

● No me aburro nunca.
▼ Yo sí.

● Tomo té.
▼ Yo no.

● Hablo 4 idiomas.
▼ Yo no.

Pista 43

PRACTICAMOS LOS CONTENIDOS. Actividad 6.

1. En este autocar caben 65 pasajeros. **2.** La entrada para el concierto cuesta 45 euros. **3.** En esta escuela hay 459 estudiantes. **4.** El abuelo de Mercedes tiene 86 años. **5.** Mi hermano mide 1 metro 95. **6.** De Málaga a Madrid hay 550 kilómetros aproximadamente. **7.** Córdoba (España) está a 120 metros sobre el nivel del mar. **8.** Córdoba (Ecuador) está a 924 metros sobre el nivel del mar. **9.** Isabel pesa 63 kilos. **10.** Este libro tiene 728 páginas.

Pista 44

DE TODO UN POCO. Actividad 3.

El 67% de los españoles es feliz en sus vacaciones. Esta es la conclusión de un informe sobre la felicidad basado en entrevistas personales.

Según este estudio, los jóvenes entre 18 y 35 años son los que están más satisfechos y felices (47%). Este porcentaje disminuye entre las personas de más edad. El 57% de los españoles pasan sus vacaciones con la familia, un 35% con la pareja, un 17% con amigos y un 4% en solitario.

Pista 45

DE TODO UN POCO. Actividad 4.

Inditex abre su tienda número 4 000
Tokio, 21/09/2008

Zara abre en Tokio su tienda número 4 000. Zara está en una de las zonas más comerciales de la ciudad. Inditex tiene ya 35 tiendas en este país y espera tener 40 antes de final de año. Inditex es uno de los grupos de moda más importantes del mundo (Zara, Pull & Bear, Massimo Dutti, Bershka, Stradivarius, Oysho, Zara Home, Uterqüe). Hay tiendas en 70 países de Europa, América, Asia y África.

Inditex en el mundo:
Zara: 1474; Pull and Bear: 555; Massimo Dutti: 454; Bershka: 558; Stradivarius: 430; Oysho: 348; Zara Home: 233; Uterqüe: 22. TOTAL: 4 074

Pista 46

DE TODO UN POCO. Actividad 6.

● Buenos días, Victoria. Queremos saber cómo es un día normal de tu vida.

▼ Me despierto muy temprano, sobre las seis, pero no me levanto hasta las seis y media. Me ducho y me preparo un buen desayuno: zumo de naranja, café con leche, un bocadillo de tomate con aceite y queso fresco. Después organizo un poco la comida. Me visto, nunca me maquillo porque no tengo tiempo, me peino, despierto a mis dos hijos y me marcho. Normalmente salgo de casa a las ocho menos cuarto. ¡Ah! Y nunca olvido coger fruta para la pausa entre las clases.

● ¿Vives lejos de tu centro de trabajo?

▼ A cuatro kilómetros. Voy siempre andando, tardo 40 minutos.

● ¡Qué bien! Así estás en forma, claro.

▼ Sí, es estupendo llegar al trabajo a pie, así no tengo problemas de aparcamiento.

● ¿Cuántas clases das cada día?

▼ Doy cinco. Las clases son de 50 minutos que pasan muy rápidos. Nunca me aburro.

● ¿Nunca?

▼ De verdad, nunca, nunca. Me divierto y me río con frecuencia.

● ¿Das las clases sentada?

▼ No. Me levanto y me siento continuamente. Es bueno para la salud, lo dicen los médicos.

● Entonces, ¿terminas las clases a las dos?

▼ Sí. Vuelvo a mi casa en autobús. Llego a casa a las tres menos veinte y como con uno de mis hijos. No podemos comer todos juntos porque tenemos diferentes horarios. Luego veo las noticias, leo el periódico y corrijo los deberes de los estudiantes. Después estudio.

● ¿Estudias?

▼ Sí, para mí es muy importante avanzar. Quiero aprender siempre.

● Bueno, ¿y cómo termina tu día?

▼ Cenamos juntos mis hijos y yo, pero poco. Nunca comemos mucho por la noche; charlamos un rato y me acuesto sobre las once, pero no me duermo inmediatamente.

● Pues muchísimas gracias, Victoria.

▼ A vosotros. Adiós.

Repaso *Unidades 4, 5 y 6*

Pista 47
Actividad 1

Hola, me llamo Alfonso. Me levanto a las 9:00. Me ducho, me visto y me voy al trabajo en moto o en coche. Trabajo de 10:00 a 2:00, después como en una cafetería cerca de mi trabajo, doy un paseo y vuelvo al trabajo. Trabajo hasta las 8:00. Juego al baloncesto y al fútbol. Ceno con mi mujer y nos acostamos tarde.

Hola, soy Jaime. Me levanto a las 9:00, me ducho, me afeito. Desayuno mucho: zumo de naranja, café con leche, un bocadillo, yogur y fruta. Voy al trabajo a pie porque está al lado de mi casa. Trabajo de 10:00 a 4:00 de lunes a sábado. Como en mi casa muy tarde, a las cuatro y media. Por la tarde hago muchas cosas. Nunca ceno. Me acuesto tarde: nunca antes de la una.

Pista 48
Fonética. Actividad 9

Un tigre, dos tigres, tres tristes tigres comen trigo en un trigal.

Unidad 7: *Para gustos están los colores*

Pista 49
PRETEXTO. Actividad 1.

a. Me gusta mucho la música y el arte. Voy a conciertos y a visitar exposiciones. Me gusta el cine, pero no la ciencia ficción; está muy lejos de ser ciencia. **b.** Comemos muy bien en el País Vasco porque nos gusta mucho comer. **c.** Me gustan muchísimo Truffaut, Bergman, Scorsese, WalkerWay, Alexander Pynne. **d.** Me gusta bailar flamenco con el alma. **e.** Me gusta pescar y jugar al golf en Mallorca. **f.** Me gustan las camisas blancas. Una camisa blanca siempre está bien, es muy fresca, femenina. **g.** Me gustan mucho Stravinsky, Rachmaninoff, Ravel y Bach. **h.** Me gusta trabajar con Pedro Almodóvar. Me siento muy bien con él.

Pista 50
CONTENIDOS 6.

Preguntar sobre gustos y aficiones

¿Te gusta....?, ¿Qué te parece....?, ¿Eres aficionado a...?
Expresar lo que a uno le gusta.
Me gusta mucho. Me encanta. Soy muy aficionado a...
Expresar lo que a uno no le gusta.
No me gusta... No me gusta nada... Odio... No soy aficionado a...
Expresar coincidencia. Expresar divergencia.
A mí, sí. A mí, también. A mí, no. A mí tampoco.

Pista 51
DE TODO UN POCO. Actividad 3.

1. A Estefanía le gusta la ropa cómoda. **2.** A Pablo le encanta dormir. **3.** A Alicia no le gustan las faldas. **4.** A Alfonso le encantan las iglesias. **5.** A Eduardo le duele la cabeza. **6.** A Miriam le encanta ir de compras. **7.** Sergio lleva uniforme, pero no lleva falda. **8.** A Lourdes le encanta viajar. **9.** A Santiago le encanta el café.

Pista 52
DE TODO UN POCO. Actividad 4.

Me llamo Gaspar y vivo con otros tres estudiantes en un piso. Los cuatro tenemos gustos muy diferentes. A Pedro le encanta tocar la guitarra, pasear, leer, hablar de filosofía, el té y el pescado y montar en bicicleta. No le gusta el fútbol. A Guillermo le encanta levantarse temprano para ir al gimnasio. Le gusta mucho el fútbol, montar en moto, comer y no le gusta salir por la noche. A Miguel le gusta mucho fumar, salir por la noche, ver la tele y comer bocadillos. Le encantan las chicas. A mí me gusta mucho el campo. Me encantan los animales, especialmente los perros y los caballos. Mi familia vive en el campo y yo vivo en este piso mientras estudio en la Universidad. En vacaciones vuelvo a mi casa. Allí me encanta salir con mis perros, montar a caballo, trabajar en el campo y comer buena comida y beber buen vino. Cuando estoy en la ciudad voy mucho al cine y al teatro. Los cuatro somos muy diferentes pero vivimos juntos sin problemas.

Unidad 8: *¡Qué bueno!*

Pista 53
PRETEXTO
La alimentación tiene que ser variada. Cada persona tiene que comer según sus necesidades.
Tenemos que consumir preferentemente alimentos vegetales.
Tenemos que tomar menos sal.
Tenemos que tomar pocos dulces.
Tenemos que beber pocas bebidas alcohólicas.
Tenemos que comer menos alimentos de origen animal.

Pista 54
CONTENIDOS 4. Los alimentos.
La leche. El aceite. El cacao. El arroz. Los cereales. El queso. El yogur. El chocolate. Las galletas. La pasta. La margarina. La mermelada.

Pista 55
CONTENIDOS 6. La comparación.
● ¿Cómo es el nuevo director?
▼ Es mejor que el anterior.

● ¿Qué tal estas hoy?
▼ Peor que ayer. Tengo 38°.

● ¿Tus hermanos son menores que tú?
▼ No, mis siete hermanos son mayores que yo.

Pista 56
CONTENIDOS 7. Para expresar énfasis.
¡Qué fresas más ricas!
¡Qué guapa es tu hija!

● Vivo a 63 kilómetros de mi trabajo.
▼ ¡Qué lejos!

● ¡Cuánto trabajas!
▼ Sí... mucho.

● ¡Cuánto café tomas!
▼ Es verdad. Tomo cinco cafés al día.

● ¡Cuánta gente hay hoy en la playa!
▼ Claro hace un día muy bueno y es domingo.

¡Cuántos pájaros hay en ese árbol!
¡Cuántas rocas hay en esta playa!

Pista 57
DE TODO UN POCO. Actividad 5.
Recordamos a los señores bañistas que:
No deben tirar cosas al suelo.
No se puede jugar a la pelota a la orilla del mar.
Está prohibido traer animales.
No se puede poner la música alta.

Pista 58
DE TODO UN POCO. Actividad 6.
● Buenos días ¿qué quiere?
▼ Dos lechugas, un kilo de cebollas y una coliflor.
● ¿Grande o pequeña?
▼ Esta pequeña.
● ¿Algo más?
▼ Sí, ¿tiene cerezas?
● No, lo siento; pero tengo manzanas, peras, melocotones, sandías...
▼ ¿A cuánto están las peras?
● A 2,20 euros.
▼ Pues un kilo de peras y una sandía. ¿Cuánto es todo?
● A ver..., 4,85 euros.
▼ Aquí tiene. Adiós, buenos días.
● Adiós, muchas gracias.

Unidad 9: *¿Qué te ha dicho el médico?*

Pista 59

PRETEXTO. Actividad 1.

Hasta ahora:

Hemos reducido las listas de espera para las operaciones quirúrgicas.

Hemos implantado la salud dental para niños hasta 7 años.

Hemos reducido el gasto farmacéutico.

Hemos construido más centros de salud.

Hemos modernizado nuestras instalaciones con la última tecnología.

Hemos conseguido tener el mayor número de donantes del mundo.

¡PERO VAMOS A HACER MUCHO MÁS!

Pista 60

CONTENIDOS 2. Indefinidos.

● ¿Tienes algún amigo argentino?

▼ Sí, tengo algunos.

● ¿Sabe alguien dónde está Juan?

▼ Ni idea.

● ¿Hay algo de dinero en el cajón?

▼ No, no hay nada.

Pista 61

CONTENIDOS 6.

Proponer un plan.

¿Quieres ir al cine?, ¿Vamos a tomar un café?, ¿Por qué no vamos a Granada este fin de semana? Tengo una idea. Vamos a visitar el zoo. Luego vamos a un concierto, ¿vienes?

Aceptar un plan.

Sí, por supuesto. Bueno. Vale, de acuerdo. ¡Qué buena idea!

Decir que no a un plan.

Lo siento, no puedo. Imposible.

Pista 62

DE TODO UN POCO. Actividad 5.

1.

● ¿A qué horas te has levantado?

▼ A las 7:00 porque tenía que hacer los deberes.

2.

● ¿Dónde has desayunado?

▼ En un bar, como siempre.

3.

● ¿Qué te ha dicho Alberto esta mañana?

▼ Que hoy es el cumpleaños de su padre.

4.

● ¿Qué has hecho?

▼ He estado en la oficina hasta las tres.

5.

● ¿Has hablado ya con Marta?

▼ No. Es que está de viaje.

6.

● ¿Has terminado ya los deberes?

▼ No, todavía no los he acabado.

7.

● ¿Dónde has visto a Alejandro?

▼ Lo he visto en la biblioteca.

8.

● ¿Qué obra de teatro habéis visto?

▼ *Don Juan Tenorio.*

9.

● ¿Quién ha traído este paquete?

▼ La hermana de Gustavo.

10.

● ¿Por qué no has ido a la facultad?

▼ Porque he dormido muy mal esta noche.

Pista 63

DE TODO UN POCO. Actividad 6.

Queremos saber si los españoles cuidan de su salud.

● Caballero, por favor ¿qué ha hecho usted hoy para cuidar su cuerpo?

▼ ¿Yo? Pues esta mañana he paseado una hora por la playa, y despúes he tomado mi zumo de naranja y una tostada con aceite. ¡De oliva, eh!

● Y usted, joven, ¿qué ha hecho hoy para cuidar su cuerpo?

▼ Como siempre, he dormido hasta las 11:00 luego he tomado un café bien grande y he fumado un cigarrillo para relajarme.

- Chica, por favor, ¿puedes contestarme a esta pregunta: qué has hecho hoy para cuidar tu cuerpo?
- He ido a las siete y media a clase de yoga. Después he trabajado, he hecho una comida ligera y ahora voy a un curso de meditación.

Repaso *Unidades 7, 8 y 9*

Pista 64
Actividad 1.

1. Mi empresa ha cerrado y no tengo trabajo. Todos los días busco en el periódico, en Internet y voy a la Oficina de Empleo. Luego vuelvo a casa, ayudo a mi mujer y voy a buscar a los niños al colegio. Por las tardes estudio.

2. Me levanto sobre las 8:00. Pongo la radio, preparo el desayuno: zumo de naranja, café y tostadas. Después me ducho, me afeito, me visto y salgo a la calle. Me siento en un banco del parque a leer el periódico y luego doy un paseo. Después de comer voy al bar a jugar al dominó con los amigos. Todos somos mayores. Yo tengo 78 años.

3. Estudio Medicina en Madrid. No soy española, soy argentina. En la Universidad tenemos muchas clases y tenemos que estudiar mucho, por eso me levanto temprano, voy a clase por la mañana y estudio por la tarde. Vivo con otras tres estudiantes colombianas. A mí me encanta bailar, pero a las otras chicas, no. Los domingos escribo muchos correos electrónicos.

4. Me levanto a las 6:30. Me lavo los dientes, me ducho, me visto (casi siempre con traje de chaqueta), cojo el coche, escucho música clásica y tardo bastante porque hay mucho tráfico. Llego a la oficina y subo a mi despacho. A las 11:00 hago un descanso y desayuno con los compañeros. Termino a las 5:00. Cojo otra vez el coche, llego a casa, juego con mis hijos, preparo la cena, hablamos un poco y nos acostamos muy pronto.

Pista 65
Actividad 8

Pablito clava un clavito, un clavito clava Pablito. ¿Qué clase de clavito clava Pablito?

Examen final del nivel A1

Pista 66
II. PRUEBA DE COMPRENSIÓN AUDITIVA
Tarea 1.
A continuación escucharás cinco diálogos breves entre dos personas. Oirás cada diálogo dos veces. Después, marca la opción correcta (a, b, c, d).

Diálogo 1
- ¿Dónde trabaja tu hermana?
- En una compañía de telefonía móvil.

Diálogo 2
- ¿De dónde vienes?
- De la librería «Baroja».

Diálogo 3
- Me encantan los pimientos.
- A mí también.

Diálogo 4
- ¿Qué vas a hacer este fin de semana?
- Voy a cuidar a los hijos de mi hermana.

Diálogo 5
- Debes conducir más despacio.
- Vale, de acuerdo.

Pista 67
Tarea 2.
A continuación escucharás cinco textos muy breves. Los oirás dos veces seguidas. Relaciona los textos con las imágenes. Marca la opción correcta. Hay tres imágenes que no debes seleccionar

(6) Texto 1: ¿Quieres venir a ver una exposición?

(7) Texto 2: ¿Vamos a esquiar el próximo fin de semana?

(8) Texto 3: ¿Qué talla tiene?

(9) Texto 4: Habla más bajo, por favor.

(10) Texto 5: ¿Lo quieres con limón?

Pista 68

Tarea 3.

Vas a escuchar a Chantal describir a los miembros de la familia española con la que vive. Cada audición se repite dos veces. Relaciona a cada persona con una letra. Hay tres letras que no se pueden seleccionar.

¿Cómo es la familia con la que vivo en España?

(11) Roberto es un hombre generoso. Lo quiero mucho.

(12) Teresa es encantadora. Siempre está contenta.

(13) Jorge, el novio de Teresa, trabaja muchas horas. Es taxista.

(14) Gonzalo tiene 28 años. Toca muy bien la guitarra.

(15) Natalia, la novia de Gonzalo, trabaja en una peluquería.

(16) La madre de Roberto se pasa el día limpiando el restaurante, su casa, nuestra casa...

(17) Miguel nunca come carne, es que es vegetariano.

(18) Pepa es morena y guapa. Tiene 56 años.

Pista 69

Tarea 4.

Sandra ha encontrado un buen trabajo en Boston y está encantada. Ha decidido llamar a Chantal para hablar con ella.

Completa el texto con la información que falta. La audición se escucha 3 veces.

● Por favor, ¿está Chantal?

▼ Sí, soy yo. ¿Eres Marta?

● Sí, Chantal, ¿cómo estás?

▼ Muy bien. ¿Y tú?

● Yo estoy feliz. He encontrado un buen trabajo en en Boston.

▼ ¡Qué bien!

● Trabajo en una oficina de exportación que está en el centro. Es una oficina muy bonita, con mucha luz y una cosa que me gusta mucho es que tiene pocos muebles. Está en un piso alto, por eso veo la parte antigua de la ciudad ¡me encanta!

▼ ¿Es bueno tu horario?

● Regular, no me gusta mucho, pero bueno...

▼ ¿Y qué tal tus compañeros?

● Parecen muy simpáticos, especialmente Rosendo que es de México.

▼ ¿Y comes allí?

● Sí, hay una cafetería en la planta baja con menús a muy buen precio.

▼ Oye, ¿está muy lejos de tu casa?

● No, tardo 22 minutos en el autobús C36.

▼ Perdona, tengo que dejarte, guapa, que me llaman al móvil.

● Vale, vale. Un beso y hasta pronto.